ベートーヴェンとピアノ

「傑作の森」への道のり

小山実稚恵×平野 昭

編集協力　長井進之介

音楽之友社

「はじめに」

「ベートーヴェンにとって、ピアノは音楽の源であった……」

——この対談を通して強く感じたのは、ベートーヴェンのピアノへの愛の深さでした。名だたるピアノの名手であったベートーヴェンは、自らがピアノ演奏することを前提に、あらゆる音楽表現をまずピアノ作品で試みました。この対談では、１７８０年代～１８０４年、言うなればベートーヴェンが、まだピアニストであり作曲家であった時代の、ピアノ作品についてを語り合っています。時にかなり詳しい内容にまで踏み込んでいますが、それこそがベートーヴェンの世界なのです。対談の中で、気になる言葉や感じる言葉がありましたら、ベートーヴェンが書き連ねた『音玉』を眺めてみてください。楽譜が読めても読めなくても、きっとベートーヴェンの心の声が感じられることでしょう。

小山実稚恵

平野昭

ベートーヴェンの生涯がピアノという楽器の発展改良の時代と完全に重なっていることは、奇跡なのか、それとも運命のいたずらなのか。

バッハ、ハイドン、モーツァルトと連なるチェンバロやフォルテピアノのための音楽の表現様式がベートーヴェンによって一変する。それはピアノ音楽の分野に限ったことではなかった。伝統を無批判に踏襲することを最も嫌ったベートーヴェンは、まずピアノで様々な革新的表現を追究する。

本書では、ベートーヴェンが古典派様式をいかに消化吸収し、19世紀の新時代様式を開拓したかを演奏実践者とともに解き明かしたい。

「ピアノ・ソナタ第14番《月光》」第3楽章(自筆譜)

ベートーヴェンとピアノ「傑作の森」への道のり――もくじ

第1回

第2回

第3回

第4回

p.36

ピアノ・ソナタ第4番　Op 7
ピアノ・ソナタ第19番　Op 49-1
ピアノ・ソナタ第20番　Op 49-2
One more point　バベッテ・ケグレヴィッチとエルバ＝オデスカルキ公

第5回

p.43

ピアノ・ソナタ第5番　Op 10-1
ピアノ・ソナタ第6番　Op 10-2
ピアノ・ソナタ第7番　Op 10-3

第6回

p.49

ピアノ三重奏曲第4番《街の歌》　Op 11
ピアノと管楽のための五重奏曲　Op 16
ホルン・ソナタ　Op 17
One more point　モーツァルトからの影響
One more point　1790年代の管楽器のための音楽

第4回

第5回

第6回

第7回

Allegro con brio
(Vn.)
Allegro vivace
(Pf.)
Allegro con spirito
(Pf.)

第8回

Grave
Allegro
Allegro
legato

第9回

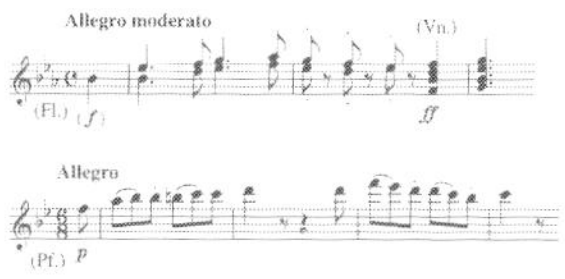

Allegro moderato
(Vn.)
(Fl.)
Allegro
(Pf.)

第10回

第11回

第12回

第13回

第14回

第15回

第16回

第17回

第18回

第1回

第1回は、ベートーヴェンの幼少期にあたる「ボン時代（1770～92）」、そして作曲家としてのキャリアを開始した「ウィーン時代初期（1793～1802）」に書かれた以下の曲を取り上げる。

楽曲名	調	作品番号	作曲年	出版年	編成
《ドレスラーの行進曲》の主題による9つの変奏曲	ハ短調	WoO 63	1782	1782	p
3つの《選帝侯ソナタ》	変ホ長調／ヘ短調／ニ長調	WoO 47	1782～3	1783	p
3つのピアノ四重奏曲	変ホ長調／ニ長調／ハ長調	WoO 36	1785	1828	p, vn, va, vc
ピアノ・ソナタ第1番	ヘ短調	Op2-1	1793～4	1796	p
ピアノ・ソナタ第2番	イ長調	Op2-2			
ピアノ・ソナタ第3番	ハ長調	Op2-3	1794～5		

ピアノのための作品、そして「ソナタ」へのこだわり

――1770年にドイツのボンに生まれたベートーヴェンは、幼少時より父から音楽の手ほどきを受けていた。弱冠7歳にしてクラヴィーア奏者として公開演奏会を開くほどの実力を有していた彼は、やがて1779年にボンに移住してきたクリスティアン・ゴットロープ・ネーフェ（1748～98）に師事するようになる。

平野　ベートーヴェンにとって、ピアノは本当に重要な楽器でした。師であるネーフェに勧められて、最初に書いた作品が11歳のときの「《ドレスラーの行進曲》の主題による9つの変奏曲」WoO 63です。これはテノール歌手でもあったエルンスト・クリストフ・ドレスラー（1734～79）の行進曲を主題とした作品で、「交響曲第5番《運命》」Op67や「ピアノ・ソナタ第8番《悲愴》」Op13など、ベートーヴェンの重要な作品に用いられるハ短調で書かれています。このすぐ後には最初のピアノ・ソナタである「3つの《選帝侯ソナタ》」WoO 47を書き、1822年初頭には、最後のピアノ・ソナタとなる「ピアノ・ソナタ第32番」Op111を書きました。作曲を開始してから40年にわたってコンスタントに作曲し続けたジャンルはピアノ・ソナタだけだったんです。ベートーヴェ

10～12歳のベートーヴェンがボンのミノリート会教会の早朝ミサで弾いていたパイプオルガンのコンソール

ンはピアノ・ソナタで行ったことに様々な要素を肉付けして交響曲を書きましたし、逆に色々なものを削ぎ落とすことで弦楽四重奏曲を書いています。つまり、ピアノ・ソナタで実験的に行ったことがすべて、他ジャンルの楽曲の創作へと密接に繋がっているんです。

小山　ピアノ・ソナタはやはり彼にとっての礎であった。しかし最初に書いたのは《ドレスラー変奏曲》なのですよね【譜例①】。

平野　それはネーフェからの勧めが一番大きいでしょう。オルガニストでもあった師ネーフェの実践的レッスンは通奏低音奏法がありました。数字付き低音（バス声部）に右手は即興を加えます。与えられた条件で曲を作るというこの手法は、変奏曲にも通じるわけです。変奏曲は主題を展開する重要な手法でもあります。そしていよいよ自分の主題によるソナタの創作となるわけです。

小山　ソナタの作曲開始ですね。最初に書いた《ドレスラー変奏曲》の次はもう《選帝侯ソナタ》を書き、本格的に歩み始めると今度はすぐに「第1番」から「第3番」（Op2の1～3）の3曲のピアノ・ソナタを書いてしまう……。ソナタを通して若きベートーヴェンの急速な進化を感じます。

平野　そもそもソナタというジャンルは、調の移り変わりや主題の多様な展開などを学ぶ最高の課題だったんですよね。当時はまだ〝ソナタ形式〟とは呼ばれてはいませんでしたが、形式自体はすでに出来上がっていて、「鍵盤楽器のためのソナタを書ける」ということは、作曲家にとって非常に重要なことだったんです。

[譜例①]「《ドレスラーの行進曲》の主題による９つの変奏曲」冒頭

大家の片鱗は少年時代から
——《選帝侯ソナタ》

《選帝侯ソナタ》を見ると、「急―緩―急」の伝統的な形式は守られているが、11、12歳の作品にも関わらず、ベートーヴェンの最初のソナタはすでに相当の革新性をもっていたことがわかる。

平野　《選帝侯ソナタ》の「第2番」はヘ短調で書かれているのですが、これはかなり異常なことです。

小山　確かにヴォルフガング・アマデウス・モーツァルト（1756〜91）やヨーゼフ・ハイドン（1732〜1809）のソナタには、♭や♯が4つ以上付く作品はほとんどありませんね。短調のソナタもあまりないですし。

平野　そもそもソナタは特にこの時期、貴族の子女たちが弾くことを想定して書かれた、サロン向け[*1]のジャンルでしたからね。ですからネーフェが、ベートーヴェンのこういう自由な創作を容認していた、というのはとても素晴らしいことだと思います。

小山　それから《選帝侯ソナタ》の「第2番」は「ラルゲット・マエストーソ」と指示された9小節の序奏【譜例②】から「アレグロ・アッサイ」の主部に移行しますが、この形って《悲愴ソナタ》【譜例③】に似ていますよね。どちらも和

[譜例②]《選帝侯ソナタ》第2番 冒頭／第10小節〜

[譜例③]「ピアノ・ソナタ第8番《悲愴》」冒頭／第10小節〜

音主体の荘重な序奏では強弱のコントラストがつけられていますし、主部に入ってからはテンポが速くなり、上行音型で突き進んでいます。

平野　そうですね。しかも、その序奏が曲中で度々使われることや、主部主題が上行する和声進行といったものも共通しているんです。《悲愴ソナタ》はハイドンやモーツァルトにもない〝革新的〟なソナタとよく評されますが、それを予感させるものをすでに少年時代にやっていたんです。これは見過ごされがちなことなのですが……。

――習作の段階で、作曲家として活躍する時期の書法が明確に表れているのは非常に興味深く、ここでもネーフェの指導の影響が窺える。

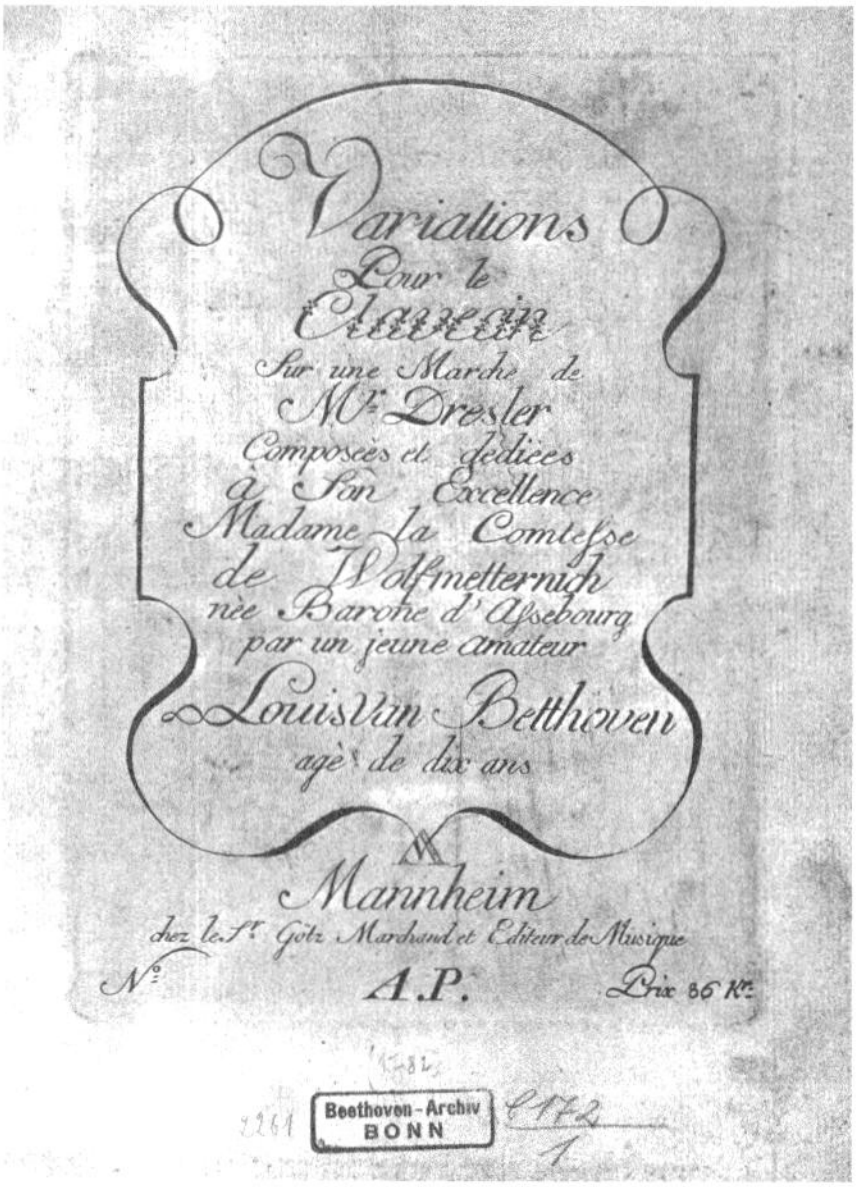

1782年、11歳のときに作曲し出版された「《ドレスラーの行進曲》の主題による9つの変奏曲」WoO63の初版譜表紙

平野　ネーフェはカール・フィリップ・エマヌエル（以下C・P・E）・バッハ（1714～88）を非常に尊敬していて、ベートーヴェンを教えるときにもヨハン・セバスティアン（以下J・S）・バッハ（1685～1750）とC・P・E・バッハの作品を弾かせたり、書法について学ばせたりしていました。ネーフェから受け継いだ「多感様式」*2から、ベートーヴェンは多くのものを学んだのでしょう。凡庸な教師についていたら、少年期に、それまでの常識を覆すようなピアノ・ソナタは書いていなかったはずです。

――書法の革新性がすでに12歳の最初期の作品に表れていたということは非常に驚かされる話であったが、ピアニズムについてはどうだろう。

小山　左右オクターヴによるユニゾンが多用されていることなど、やはり単純な「若さ」を感じる面は多いのですが、技術はとても効果的に使われていると思います。トリルや装飾音、アクセントをうまく使いながら音楽表現を拡大していくあたりは「さすが、ベートーヴェン」という感じですね。

平野　「右手が旋律、左手が伴奏」というスタイルが普通だったこの頃、すでにベートーヴェンはその形を打ち崩しているんですよね。

小山　やはりそれは、ベートーヴェンがとてもピアノが上手だったということ、まず自分が初演することを念頭に置きながら、作曲していたから、という感じでしょうか。

平野　もちろんです。さらにベートーヴェンは12歳から13歳頃に受けたネーフェのレッスンの中でJ・S・バッハの《平均律クラヴィーア曲集》を全曲弾いていましたが、そのいくつかを様々な調に移調して弾くことまでしていたんですよ。

小山　それはすごい！

その後の楽曲との密接な関係――「ピアノ四重奏曲第1～3番」

――J・S・バッハの《平均律》を徹底的に学んだことは、ベートーヴェンの調選択や転調の仕方に大きな影響を与えていた。これはピアノ・ソナタだけでなく、やはり同時期に書かれた3曲のピアノ四重奏曲の中にも表れている。

小山　「ピアノ四重奏曲第1番」WoO36-1の第1楽章は変ホ長調ですが、アタッカでそのまま始まる第2楽章は、同主短調の変ホ短調。これには驚かされました。調号が♭6つですから、当時としては本当に衝撃の転調だったでしょうね。

平野　実はこの3曲、モーツァルトの3曲のヴァイオリン・ソナタ（K296、376、380）の形式、調、楽章数と共通していて、スタイルの面で影響を受けていることが明らかなんです。ただ、調号の数や転調の仕方など、音楽的な内容はモーツァルトとは全然違います。

小山　先ほど平野先生が仰ったように、ベートーヴェンのピアノ作品を改めて見ていくと、他のジャンルとの関連性が見えてきます。「ピアノ四重奏曲」の中ではさらに、後の作品に通じる音型も見られますし、様々な楽器に通じていたベートーヴェンを改めて実感することができるんです。

平野　例えば「ピアノ四重奏曲第3番」WoO36-3の冒頭、装飾の付いた音型が発展しながら反復されるんですよね。これが「ピアノ・ソナタ第3番」と共通したものなんですが、しかも第2楽章は「第1番」第2楽章の主題とほぼ同じなんです【譜例④、⑤】。

小山　ピアノ・パートを弾いてみてこれを見つけたときは、「まさに同じ主題だ！」と倒れそうになるくらいでした。

平野　ピアノ・ソナタの中にアンサンブル曲と同じ音型が出てくることで、「ベートーヴェンがどんな音色を想定しながら作曲していたのか」ということが改めてわかりますよね。「ピアノ・ソナタ第9番」Op14-1のように、自分で弦楽四重奏に編曲した例もありますし、とても密接な関係があると思います。

小山　確かにそうですよね。例えば「ピアノ・ソナタ第7番」Op10-3などは、本当にオーケストラ曲を思わせる内容のソナタですものね。

3曲すべてに貫かれた革新性
——「ピアノ・ソナタ第1〜3番」

——ベートーヴェンのピアノ作品の多くが、シンフォニーや室内楽曲などの作品と響きや書法において共通性を持っているが、形式の面でも関連が見出せる。作品番号付けがなされた本格的な最初のソナタであるOp２は、これまでの３楽章構成という常識を打ち破り、３曲とも４楽章構成で書かれている。さらに、それぞれが全く違うスタイルで書かれた３曲は、それまでサロンを想定して書かれることの多い「ソナタ」から、より大きなステージで演奏されることが想定された、巨大で複雑な内容をもつ作品に大きく進化を遂げているのだ。

ベートーヴェンの和声感覚は完全にロマン主義の先取り、楽章ひとつとっても革新性が見出せます

平野 昭

平野　「第1番」は、全楽章がヘ調に統一されていて、「バロック・ソナタ*3」の名残を感じさせるものになっています。

[譜例④]「ピアノ四重奏曲第３番」第２楽章冒頭

[譜例⑤]「ピアノ・ソナタ第１番」第２楽章冒頭

「第1番」は「室内ソナタ」に近い形式で書かれていますね。「第2番」はチェンバロを華麗に奏するギャラントな雰囲気をもっていて、「第3番」は特にベートーヴェンの独自性が表れていて、響きや規模、広い音域を駆け巡るオクターヴのパッセージなど、使われるテクニックは完全にピアノ協奏曲を想定しています。極め付けにカデンツァも置かれていますからね。さらに、主調がハ長調なのに、第2楽章をホ長調にするという当時の常識では考えられない調設定の特殊さも挙げられます。ベートーヴェンの和声感覚は完全にロマン主義を先取りしていたと言えるでしょう。

――また楽章ひとつとってみてもベートーヴェンの革新性が見出せる。「第2番」第3楽章に慣例のメヌエットではなく、スケルツォを置いている。

平野 ピアノ・ソナタをサロン音楽から解放しようとした試みがここでも表れています。メヌエットは「ディヴェルティメント」のような娯楽音楽に必ず入れられているものでした。こういった軽めの曲ではなく、もっと抽象的で劇的な性格であるスケルツォに変えたというのは、とても大きなことだと思います。しかも「第2番」のスケルツォは非常にポリフォニックに書かれていますし。

小山 「第1番」は調性、「第2番」は形式、「第3番」はピアノ協奏曲を思わせる巨大な書法と調の特殊性……といった具合にどの曲にもベートーヴェンの「新しいことを！」とい

【リヒノウスキー邸での金曜コンサート】

ウィーン初期時代のベートーヴェンの後援者であり家主でもあったブランデンブルク=プロイセン領シレジア地方の上級貴族、カール・フォン・リヒノウスキー侯爵（1761～1814）は音楽愛好貴族界の中心人物で、モーツァルトの弟子を自称するアマチュア音楽家であった。自らヴァイオリンを嗜んだラズモフスキー伯爵（1752～1836、1814年以降は侯爵）とは義理の兄弟でもあった。二人の妻はモーツァルトのパトロンとして知られたトゥーン伯爵夫人マリア（1744～1800）の娘たちで、姉のマリア・エリーザベト（1764～1806）は1788年11月4日にラズモフスキー伯爵と、妹のマリア・クリスティアーネ（1765～1841）も同月24日にリヒノウスキー侯爵と結婚。二人とも優れたピアノ奏者であった。

リヒノウスキー侯は1795～1800年頃に毎週のように侯邸でサロン・コンサートを開催。金曜の午前11時頃から始めて、午後2時頃に一同でランチを楽しむことが多かった。侯爵は様々な編成の室内楽を愛好し、サロンの常連となった若い奏者たちを支援して四重奏団の結成を促した。ヴァイオリニストのイグナツ・シュパンツィヒ（1776～1830）をはじめ多くの弦・管楽器奏者たちが出入りするサロンのために、ベートーヴェンは様々な室内楽作品を供給したのである。この金曜コンサートのために書かれた小品は、現在あまり顧みられていないが、魅力に溢れている作品だ。

う強いメッセージが込められているように感じます。あと、弾いていて改めて思うのが、どの曲もテクニックがすごく凝っていることなんです。もちろん中期以降の作品はテクニックと内面性が融合して、より洗練されていくのですが、単純にピアニズムの点から言えば、初期の時点でもうほとんど完成の域にあって、真の意味で「ピアニスティック」な作品群になっていると思います。

初期の時点でもうほとんど
完成の域にあるピアニズム、
真の意味で「ピアニスティック」です
小山実稚恵

少年ベートーヴェンが挑む、新しいソナタ創作

――今回の対談を通して、満を持して出版したソナタはもちろん、少年時代の習作においても、これまでのソナタの常識を完全に覆したベートーヴェンの創作が明らかとなった。中期から後期にかけて特に取り上げられることの多い彼の作品だが、若い頃の作品や創作に至るルーツに注目していくことで、さらに興味深いものを引き出していけるのではないだろうか。

小山　ボン時代やウィーン初期のベートーヴェンの作品は、ネーフェからの指導はもちろん、人とは違うことをしようとした開拓精神や柔軟な思考が集約した結果と言えるものですよね。しかもそのベートーヴェンの才能を、ネーフェが見抜いていた。それが素晴らしいのです。

平野　ネーフェは、ベートーヴェンを考える上で再評価されないといけないかもしれません。全然研究が進んでいなくて、半世紀以上前の文献くらいしかないほどです。ネーフェ自身も優れた作曲家でしたし、彼のことを知ることで、特に若い頃のベートーヴェンの新たな一面が見えてくるかもしれないですね。

＊1
貴族は才能ある音楽家たちのパトロンとなり、自邸のサロンに招いて音楽会を開いた。こういった場で演奏される音楽を「サロン音楽」と総称している。これはもともとは16世紀から18世紀にかけて、ヨーロッパの王侯貴族のサロンで演奏されていた音楽を指したが、18世紀に入ると、パリやウィーンの貴族や、富裕な市民の邸で披露された音楽を指すようになっていく。

＊2
18世紀後半のドイツ語圏で発達した作曲様式。感情過多様式とも。主観的で感傷的な気分と、劇的もしくは英雄的な気分が交替する。突然の気分の変化も特徴のひとつである。

＊3
バロック時代のソナタには大きく分けて2つのタイプがある。1つは「教会ソナタ」と呼ばれる「緩―急―緩―急」の4つの楽章を基本とするもの。もう1つはアルマンド・クーラント・サラバンド・ジーグといった舞曲連鎖の組曲のようなタイプの「室内ソナタ」と呼ばれるものである。

平野先生のOne more point Beethoven

ベートーヴェンの音楽観と師ネーフェ

ベートーヴェンの音楽を考えるとき、大バッハ（J.S. バッハ）とその次男C.P.E. バッハの影響を見極める必要がある。とりわけピアノ音楽を作曲する際には、生涯にわたってベートーヴェンの心の奥深く静かに流れ続けていたバッハ父子からの声があったのではないだろうか。バッハ父子は作曲家ベートーヴェンの音楽観・芸術観の形成に最も大きく関わっていたと言ってもよいだろう。少年時代のベートーヴェンに、バッハ父子の音楽をもたらしたのが師ネーフェであった。

ケムニッツに生まれたネーフェは、少年期に地元の教会オルガニストとホーエンシュタインの合唱長からオルガン奏法の手ほどきを受け、12歳で作曲を試みている。しかし、この時期の作曲法の学習は独学で、フリードリヒ・ヴィルヘルム・マールプルク（1718～95）やC.P.E. バッハの理論書で学んでいた。その後ライプツィヒ大学で法学を修めるが、この間も同大学の先輩でジングシュピールや歌曲の作曲家として、あるいは理論家、教育者として有名なヨハン・アダム・ヒラー（1728～1804）に師事して作曲法を学び、1776年までに５曲の喜歌劇やジングシュピールを作曲し、1776年にはヒラーの後継者としてライプツィヒの劇団ザイラー座の監督に就任している。作品は舞台音楽ばかりではなく、1773年には「12のクラヴィーア・ソナタ集」、翌74年には「６つの新しいクラヴィーア・ソナタ集」なども作曲している。その後1779年にグロスマン=ヘルムート劇団に移籍して、ボンに移住し、1782年にはボンの宮廷オルガニストに就任し、楽長アンドレア・ルッケーシ（1741～1801）不在期には楽長代理も務めていた。

ベートーヴェンがネーフェに師事し始めたのは恐らく1780年終わり頃か81年春頃、つまり、10歳になった頃からと思われ、オルガン奏法、チェンバロ奏法、通奏低音法と作曲法の多岐にわたり、ネーフェが指導に用いた教科書や教材は、大バッハの《平均律クラヴィーア曲集》（手書き写本）とC.P.E. バッハの《ゲレルトの詩による55の宗教的オードと宗教的リート》Wq194（1758）であったことが知られているが、恐らくネーフェ自身が使っていたマールプルクの理論書やC.P.E. バッハの『正しいクラヴィーア奏法論Ⅰ・Ⅱ』（1753、62）、《プロイセン・ソナタ集》Wq48や《ヴュルテンベルグ・ソナタ集》Wq49なども使われたと思われる。

クリスティアン・ゴットロープ・ネーフェ。少年時代のベートーヴェンの才能を開花させた再評価すべき人物だ

Column

「Op」番号をもたないピアノ曲と変奏曲

ベートーヴェンのピアノ独奏曲ではソナタと変奏曲が重要作品であるが、その全体像は意外と知られていない。一般的にベートーヴェンのピアノ・ソナタ全曲と言えば、「32曲」という答えが反射的に出てくる。しかし、これは出版時に「Opus 2」とかフランス語で「Oeuvre 31」、ドイツ語で「81tes Werk」のように作品番号が付されたソナタの数である。普通はラテン語「Opus」の短縮形「Op」を使っている。しかし、作品には番号なしで出版されたり、生存中に出版されず、没後出版されたりしたものもある。稀に、没後出版でもOp番号をつけるときには、「Op posthumous（死後の出版による）」番号が付くことがあるが、これを「遺作」とする日本の慣例表記は極めて不都合で無意味だ（特にショパン作品に多い）。

　さて、ベートーヴェンの場合（最近ではすべての作曲家目録で使われる傾向があるが）、「作品番号をもたない作品」という意味のドイツ語＝Werke ohne Opuszahl の略語、「WoO」による整理番号が使われている。WoO47～86がピアノ独奏曲で、その筆頭のWoO47が「3つの《選帝侯ソナタ》」だ。また、WoO63の「9つの変奏曲」からWoO80の「32の変奏曲」までが変奏曲集となっている。

　ベートーヴェンにとって変奏曲は、あらゆるジャンルの器楽曲において重要な表現

18世紀末はピアニストとして人気を博した若きベートーヴェン。数々の変奏曲は得意とした即興演奏の賜物なのだ

語法のひとつであったが、とりわけ自らも演奏したピアノ曲で傑出した才能を発揮している。少年ベートーヴェンが11歳の1782年に初めて試みた作曲作品がE・C・ドレスラー（1734〜79）の作曲した《行進曲主題による9つの変奏曲》ハ短調WoO63であり、40年後の1822年初頭に仕上げた最後の「ピアノ・ソナタ第32番」ハ短調Op111の終楽章が変奏曲楽章であることは象徴的だ。また、最後のピアノ曲の大作が1823年完成の《ディアベッリの主題による33の変奏曲》Op120であるのは言うまでもない。

ベートーヴェンはソロ・ピアノのための変奏曲を全20曲残しているのだが、1799年までの12曲と1800年以降の8曲では主題タイプが全く異なるのである。簡単に言ってしまえば、1799年まで、つまり、まだ交響曲も弦楽四重奏曲も作曲していないピアニストとして活躍していた時代の変奏曲主題はすべて他の作曲家によるもので、《ドレスラーの行進曲主題》以外の11曲はすべて舞台音楽から採られたものである。11曲の主題の内訳は、1790年代のウィーンで流行していたオペラやジングシュピールから採られたアリア主題が7曲、バレエ音楽から採られた主題が2曲、歌曲主題、舞曲ワルツ主題各1曲。多くの人々が知っていた親しみ深いメロディを変奏主題としている。

主題が取り上げられた作曲家にはモーツァルトと同い年のイタリアの作曲家V・リギーニ（1756〜1812）やチェコ出身の作曲家P・ヴラニツキー（1756〜1808）、C・ディッタースドルフ（1739〜99）、モーツァルト《魔笛》の台本作者として知られるシカネーダーの同僚歌手兼作曲家のJ・ハイベル（1762〜1826）、オペラ《セビリャの理髪師》を最初に作曲したG・パイジェッロ（1740〜1816）、ベルギー生まれのオペラ・コミック作曲家A・グレトリー（1741〜1813）、そして、ウィーン宮廷楽長のA・サリエリ（1750〜1825）、広くヨーロッパ中で名声を得ていたP・ヴィンター（1754〜1825）、モーツァルトの弟子の一人F・ジュスマイアー（1766〜1803）といった錚々たる顔ぶれである。変奏曲主題としてはこの他にイギリス国歌や民謡、スイス民謡などがある。

これらの変奏曲のほとんどが当該の変奏主題を含む舞台音楽の上演された直後、あるいは話題となって流行した時期に作曲され、作品番号（Opus）こそ付けなかったものの、作曲から半年ほどの内に出版されている。恐らく、出版前には私的なサロンなどでベートーヴェンが弾き、音楽愛好家たちを喜ばせたと想像してよいだろう。あるいは、変奏曲の作曲自体が即興演奏であった可能性すら考えられるのである。傑出したピアニスト＝ベートーヴェンは即興の名人でもあった。その才能を示すには多くの人々が知っている人気の音楽、流行の音楽を主題として、これを変幻自在に変奏させる即興こそベートーヴェンの得意とするところであったのだ。

ベートーヴェンはその前半生、変奏曲の主題を先輩作曲家たちの作品から引用した。ジョヴァンニ・パイジェッロによる歌劇《水車屋の娘》の主題からは、２曲の変奏曲（WoO69&70）が生まれている

第2回

ベートーヴェンの記念すべき「Op1」となる3つのピアノ三重奏曲を扱う。これらの作品はそれまでこのジャンルが抱えていた「ピアノ・ソナタ+弦楽器群による伴奏」という概念を破壊し、弦楽器の役割が非常に向上している。

楽曲名	調	作品番号	作曲年	出版年	編成
ピアノ三重奏曲第1番	変ホ長調	Op1-1	1792〜4	1795	p, vn, vc
ピアノ三重奏曲第2番	ト長調	Op1-2	1793〜5		
ピアノ三重奏曲第3番	ハ短調	Op1-3			

既成概念を超えたピアノ三重奏曲の誕生

――1792年11月、ハイドンに弟子入りを認められたベートーヴェンはウィーンに移住することとなる。また当時のベートーヴェンは、即興演奏で卓抜な才能を見せており、貴族のサロンで瞬く間に名声を広めていた。1795年3月29日には、ブルク劇場における慈善演奏会で公式にデビューを飾っている。そして同年、「Op1」の3つのピアノ三重奏曲を出版し、作曲家としてのキャリアを開始するのであった。前回取り上げたピアノ・ソナタ（Op2）と同様、当時あまり重要視されていなかったジャンルであるピアノ三重奏曲に記念すべき「Op1」を与えたことに驚かされる。

平野　「ピアノ三重奏」というジャンルは18世紀後半になるまで定着しなかったんです。当時の作品の楽器の関係性を見ても、あくまでもピアノが主役で弦楽器はそれに追従する形で、「ピアノ・ソナタ+装飾的弦楽器」という感じでしょうか。しかし、ベートーヴェンの作品はそんな概念を軽々と超えてしまいました。

小山　しかもこのOp1のピアノ三重奏曲は、3曲ともすべてが第3楽章にスケルツォあるいはメヌエットを置いた交響曲のような4楽章構成で書かれていますよね。

平野　ハイドンに献呈された Op 2 の3曲のソナタも、すべて4楽章で書かれていましたね。4楽章構成というのは当時、弦楽四重奏曲や交響曲に使われる楽章構成でしたから、ベートーヴェンはピアノ三重奏にも色々な想いや野心、冒険心を込めたのではないかと思います。

――先人たちが書いていないジャンルにあえて挑戦したというところからも、ベートーヴェンの強い意思が感じられる。

平野　交響曲も弦楽四重奏曲も、もしかしたらモーツァルトやハイドンにはまだ太刀打ちできないと思っていたのかもしれません。もしくは、彼らにはない方向でそういったジャンルを書きたいと思い、機が熟すのを待っていたという可能性もあります。実際ベートーヴェンは1790年代の終わり、つまり30歳直前までこれらのジャンルには着手していません。

小山　この Op 1の「ピアノ三重奏」はピアノ主役で弦楽器が単に追従するだけの内容ではありません。しかし、明らかにピアノ・パートが主導権を握っています。やはりベートーヴェンが自分で弾くことを想定しながら作曲していたと考えられますね。驚かされるのが、すでにこの Op 1にはもう「これぞベートーヴェン!」という部分がたくさん出てくるんです。もちろん中期以降のような成熟とか密度はまだなく、若々しい音楽ではあるのですが……。

平野　あとはやはり調性の設定が本当によく考えられていますね。♭3つの変ホ長調が「第1番」で、「第3番」は♭3つ（変ホ長調）の平行調であるハ短調で書かれています。そして「第2番」がト長調ということで、「第3番」のハ短調に対するドミナントの関係性も見出されるのです。3曲セットの意向が明確に窺えます。

あえて「Op1」をつけて世の中に出した作品ですから、絶対に自信作だったはずです
平野昭

調・形式選択の妙
個性がはやくも確立

――「Op1」ですでに見出せる、作品全体がひとつのコスモスを形成しているかのような作品構成はベートーヴェンの特徴である。実際、曲をまとめて出版する場合、各曲の調の関係についてかなり強く意識しており、一方が短調であればもう1曲は長調で書かれていることが多い。

小山　まだ若い時期の作品であるのに、すでに総体的に音楽を捉えている。こういう視野の広いことができてしまうのは、すごいことですね。先生、各曲の特徴はどうでしょうか。特に「第2番」は演奏されることがほとんどありませんが……。

平野　「第2番」もやはり調選択に特徴があります。第1楽章はト長調で始まりますが、第2楽章は短3度下の平行短調のホ短調ではなく、その同主調のホ長調で書かれています。ロマン派に繋がる彼の音楽観が、こうした調の選び方ひとつとってもすでにはっきりと表れていますね。

――聴き手に驚きを与える調選択の観点から見ると、変奏曲形式で書かれた「第3番」の第2楽章でも、第4変奏【譜例①】にこの時代にしてはかなり異質な変ホ短調が出てくる。

平野　変奏曲の伝統として、長調の中に同主短調による変奏を置くのは通例でしたから、ここではミノーレ（短調変奏）の伝統に従っているんですよね。ただし、ものすごく効果的なコントラストが作られています。

小山　♭が6つも付くのですものね。それからこの変奏はシンコペーショ

[譜例①]「ピアノ三重奏曲第３番」第２楽章第４変奏

ンの使い方も特徴的ですよね。不安を与えるというか、呼吸が乱れるというか……。

平野　そうですね。徹底的なシンコペーションで、それまでの変奏にあった連続性が失われていますね。

小山　「第2番」にはかなり色々な工夫が施されていますね……。「第1番」と「第3番」は第3楽章がスケルツォですが、「第2番」にはこれまでベートーヴェンがあえて避けてきたと思われるメヌエットが置かれていますし。

平野　ベートーヴェンはこういうことをよくやるんです(笑)。形はメヌエットですが、テンポはアレグロですから絶対踊れません。またアーティキュレーションの指示が細かいことも特徴的ですね。ピアノ・パートを見ると、声部ごとにレガートとスタッカートが違っているなど、声部の自立性が重視されています。ピアノは一人で色々なことをやらなくてはいけないんですよ。

――さらにこのピアノ三重奏曲全体を見てみると、「第2番」と「第3番」の第4楽章がソナタ形式で書かれている。また、それらの展開部が通常であれば第1主題を使うところを、第2主題を中心にして展開しており、通例から脱却しようとしたベートーヴェンの意思の強さが窺える。

平野　ベートーヴェンは、全曲通してのクライマックスをどこにもっていくか、いつも試行錯誤していました。この時期は曲の終わりに向けて盛り上がっていくよう、堂々たるフィナーレを置く傾向がありましたね。

小山　創作の最初の時期から、すでにベートーヴェンはクライマックスを意識していたということですね。こういう総体的な対比の意識も、後期の作品にも繋がる感覚ですね。

平野　マンハイム楽派*4以来の伝統かもしれませんが、分散和音で上行していく主題提示は「ピアノ・ソナタ第1番」の主題などにも見られますね。「ピアノ三重奏曲第1番」第1楽章、「第3番」終楽章はともに分散和音で上行する形になっています。いちばん最初の楽章といちばん最後の楽章を同じタイプの主題にしたのはセットを意識してのことなのかもしれないですね。

小山　セットといえば、「第1番」と「第2番」の第1楽章、そして「第3番」のフィナーレを見ると、主和音の分散和音で上がっていく音型が関連しあっていますよね。あと付点のリズムが多用されているのも面白いです。ベートーヴェンの重要な作品は、ゆったりした曲でも速い曲でも、付点が必ず効果的に使われている気がします。

平野　付点には強いエネルギーを生み出す力がありますよね。「停滞しないで先に行こう」という意識がでますし、深みや重みも与えられます。

規模もかなり大きく、
完全にステージでの演奏が
想定されているように思います

小山実稚恵

師ハイドン曰く――「出版しない方がいい」

――さらに「第２番」には27小節にわたる長い序奏部が置かれている。これは《選帝侯ソナタ》に共通する特徴であり、後の作品である《悲愴ソナタ》にも繋がるものである。

平野　「遅いところから速く」というのはバロックの教会ソナタ（緩―急―緩―急）のテンポのコントラストに通じるものですね。この時期の彼はモーツァルトやハイドンなどのウィーンの影響というよりも、ボンでネーフェから学んだC・P・E・バッハの影響の方が大きいですね。……というよりも、ベートーヴェンはあえてそれを打ち出したのかもしれません。当時のウィーンはイタリア礼賛の地でしたから、音楽にもその趣味が反映されていました。一方でベートーヴェンの音楽は北ドイツ風。「ウィーンで新しい音楽を」というのをかなり意識していたのではないかと思います。

小山　「第１番」と「第２番」の第３楽章のスケルツォが主

リヒノウスキー侯爵に献呈された３つのピアノ三重奏曲「第１～３番」Op1の初版譜表紙。この時代の慣習でフランス語表記が用いられている

和音で始まりませんね。こういった調の不安定さというのもやはり当時としては革新的ですよね。

平野　はい。こうしてみますと、ハイドンがベートーヴェンに「出版しない方がいい」と言ったのは短調で書かれた「第3番」だけとされていますが、もしかしたらOp1全曲に対して思っていたかもしれません（笑）。

小山　それまではサロン的な場で演奏されることを想定して、ピアノ三重奏曲は作られていました。その概念を完全に超えた作品だったわけですね。だからハイドンが……。

平野　ハイドンは、確かにベートーヴェンの才能を正しく見抜いてはいたのですが、音楽は「聴く人あってこそ」[*5]ということを信条としていました。彼はエステルハージ家に30年間勤めて領主の趣味に合わせて作品を作っていましたから、自分の独創性をとことん押し出そうとしたベートーヴェンとは創作に対する姿勢が全く違っていたのだと思います。

小山　規模もかなり大きいピアノ・トリオですからピアノ・ソナタと同様、完全にステージでの演奏を想定して作った作品ということになりますね。

平野　探せば探すほど、主題提示の仕方、規模や構成など、後のピアノ・ソナタにも通じる工夫がたくさんでてくる魅力的な作品です。

小山　この曲が初めての本格的な出版作品ということも、忘れてはいけませんよね。

平野　そうですね。すでにボン時代に何十曲と書いてきたベートーヴェンが、あえて「Op1」をつけて世の中に出した作品ですから、絶対に自信作だったはずです。

――第1章と同様に、ベートーヴェンの創作が当時のジャンルの枠を完全に超えた独創性に満ちたものであったことが、ますます浮かび上がってきた。わずか22、23歳の若者であったベートーヴェンの、作曲家としての強い意思と自信、溢れる創作意欲というものが前面に出た作品を改めて見直すことで、よく演奏される他のピアノ三重奏曲にも繋がるものが見えてくるかもしれない。

*4　1740年代から60年代にかけて活躍した前古典派の一派。南西ドイツ、マンハイムにあるカール・テオドール公（1724〜99）の宮邸にいた傑出した音楽集団で、シュターミッツ親子（父ヨハン：1717〜57、長男カール：1745〜1801、次男アントン：1750〜1800頃）、イグナーツ・ホルツバウアー（1711〜83）、カール・トエスキ（1731〜88）、フランツ・クサヴァー・リヒター（1709〜89）といった人々が中心となり、古典派の四楽章制の交響曲の確立に大きく貢献した。

*5　中世から続くハンガリーの大貴族の家系。中でもエステルハージ・ミクローシュ・ヨージェフ（1714〜90　ドイツ名：ニコラウス・ヨーゼフ）は芸術愛好家として知られ、有名なルネサンス式のエステルハージ城を築造し、音楽家ハイドンのパトロンとなり、同家の副楽長、楽長として30年間雇用した。

平野先生のOne more point Beethoven

初期ピアノ三重奏曲に内在する交響曲志向

栄光の番号「Op1」が3曲セットの「ピアノとヴァイオリン、チェロのための三重奏曲」であることを少し深く考えてみよう。ベートーヴェンはハイドンに師事すべく1792年11月にウィーンに移住。ウィーンの音楽界はちょうど1年前にモーツァルトを失い、一方ハイドンはまだロンドン滞在中であり、コンサート・シーンはやや華やかさを欠いていた。オーケストラ演奏会のメイン・プログラムとなる新しい交響曲への期待が満たされていなかったのだ。若いベートーヴェンのウィーン移住の大志のひとつが交響曲創作であり、日に日に創作意欲を高めていたのは間違いないだろう。師ハイドンの第1次「ロンドン交響曲」セット（交響曲第93～98番）やモーツァルトの後期交響曲を徹底的に研究していた。しかし、ベートーヴェンが「交響曲第1番　Op21」を作曲するまでには、さらに7年ほど待たなければならない。

だが、ベートーヴェンのウィーン初期の作品を見ると、Op1のピアノ三重奏曲にしてもOp2のピアノ・ソナタにしても、すべてがこれらのジャンルに異例の4楽章構成であり、また、スケルツォあるいはメヌエット表記ながらも実質的にスケルツォの性格をもつ第3楽章を配していることから、Op1とOp2の6曲がハイドンの交響曲様式の強い影響下で書かれたことは確実である（ただし、「ピアノ三重奏曲第1番」の初稿はボン時代に完成していて、1793～94年にウィーンで改訂したと推定されている。「同第2番」と「第3番」は1793年中に構想着手され、95年春までに完成、同年7月に初版出版）。ハイドンを招待してのリヒノウスキー侯邸でのソワレで、ピアノ三重奏曲3曲が私的初演されたとき、ハイドンは全体を称賛しながらも、「第3番」ハ短調は一般の人々には理解されないだろうから出版しない方がいいと助言したと伝えられている。ハイドンもこの時期までにすでに30曲近い（生涯では45曲ほど）ピアノ三重奏曲を作曲していたが、その7割は3楽章構成で3割が2楽章構成の作品であることからすれば、4楽章構成はいかにも異例なのである。「第3番」はハイドンの「交響曲第95番ハ短調　Hob.I:95」（1791年ロンドンで作曲）をモデルとしている。第2楽章を変ホ長調のアンダンテ・カンタービレによる変奏曲とし、主調による第3楽章のメヌエットでは両曲ともトリオ部でハ長調となる。終楽章は、ハイドンがハ長調（ベートーヴェンの《運命》交響曲のプロトタイプ）で貫くのに対し、ベートーヴェンはハ短調で構築し、終結部最後の10小節をハ長調にしている。その他のピアノ三重奏曲にも少なからず交響曲様式の反映が窺える。

ウィーン時代の師ハイドン。この大作曲家の影響を受けながら、ベートーヴェンはその独自性に磨きをかけていく

名チェリストとの出会いによって生み出されたチェロ・ソナタ「第1番」「第2番」。バス楽器としての役割が強かったチェロに高度な技巧と豊かな音楽性を与え、このジャンルでもベートーヴェンはパイオニアとも言える存在となった。

第3回

楽曲名	調	作品番号	作曲年	出版年	編成
チェロ・ソナタ第1番	ヘ長調	Op5-1	1796	1797	vc, p
チェロ・ソナタ第2番	ト短調	Op5-2			

傑作ソナタを生んだ名手デュポールとの出会い

――ベートーヴェンは生涯でチェロ・ソナタを5曲しか書いていないが、それらは完全にチェロとピアノの役割が対等であり、あらゆる技法を見出すことのできる充実ぶりを示している。ベートーヴェンはチェロという楽器に大変愛着があったようだ。これは彼がボン時代から優れたチェロ奏者と出会う機会に恵まれていたことにも起因する。

平野　ベートーヴェンの周りにはたくさんのチェリストがいました。この作品を初演したジャン＝ルイ・デュポール（1749～1819）というプロイセン[*6]宮廷の首席チェリストです。彼にはジャン＝ピエール（1741～1818）という兄がいて、当初、チェロ・ソナタは彼のために書かれたと言われていました。しかし最近の研究では、ベートーヴェンがベルリンにいた1796年、ジャン＝ピエールはすでに宮廷楽団奏者を引退して音楽監督になっており、弟のジャン＝ルイが首席奏者に昇格していたことがわかっています[*7]。

小山　兄弟が揃って素晴らしいチェリストだったのですね。名手との出会いがあったからこそ、それまでのチェロ・ソナタとは一線を画したソナタを書けたのでしょうか。

平野　そうですね。Op5のチェロ・ソナタで重要なことは、ピアノとチェロのために書かれた二重奏作品の最初のものであると言えることです。ハイドンにはチェロ・ソナタはありません。チェロ協奏曲はあるのですが、すでに自らチェリストでもあったボッケリーニもたくさんのチェロ・ソナタを書いていますが、それらはチェロと通奏低音のためのものであって、現在流通している楽譜はピアノ声部を後世の人々がリアリゼーションしたものです。

小山　チェロ・ソナタにおいても、やはり、ベートーヴェンは革新的だった……。そしてピアノが大活躍する。オーケストラを思わせるような音数の多さや複雑なテクニックが散りばめられています。

平野　王の所有するオーケストラ奏者ジャン・ルイ＝デュポールのためにチェロ・パートを書き、彼と自分の二重奏で御前演奏……ということで、ベートーヴェン自身のピアニストとしての技量もアピールしなくてはなりませんでしたからね。

小山　チェロにも重音奏法など、ヴィルトゥオーゾ的な奏法がたくさん出てきますね。ベートーヴェン以前のチェロ・ソナタで、ここまで技巧的なものはまずなかったのではないでしょうか。

重要なことは、ピアノとチェロのために書かれた二重奏作品の最初のものであると言えること

平野昭

後期作品にも繋がるベートーヴェン「らしさ」

――チェロとピアノが真の意味で「対等」な立場で共演するベートーヴェンのチェロ・ソナタは、それぞれの楽器の充実した技法はもちろん、形式面にも新しさが見出せる。

平野　「第1番」第1楽章はアダージョ・ソステヌートの序奏とアレグロの主部という形で書かれていますね。これはOp1のピアノ三重奏曲（1792〜95年作曲）の「第2番」やOp13の《悲愴ソナタ》（1797〜98年作曲）と同じなんです。

小山　作品番号的Op1とOp5、そして《悲愴》はOp13と離れているんですよね。だからつい作曲時期も離れていると思いがちですが、この3曲って、実はそれほど離れていない時期に書かれているんですよね。

平野　さらに面白いことがあるんですよ。「第1番」のアレグロ主題【譜例①】を見てください。チェロとピアノの左手

［譜例①］「チェロ・ソナタ第１番」冒頭

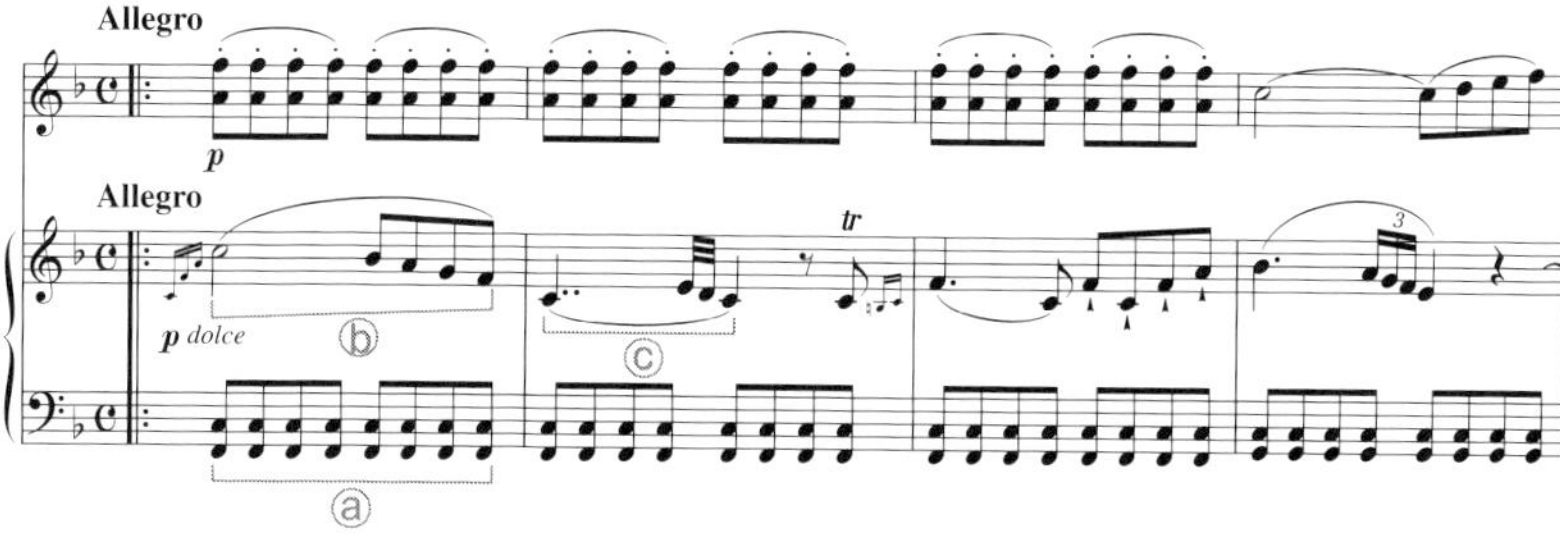

［譜例②］「ピアノ・ソナタ第21番《ワルトシュタイン》」冒頭

［譜例③］「チェロ・ソナタ第１番」第１楽章第117小節～

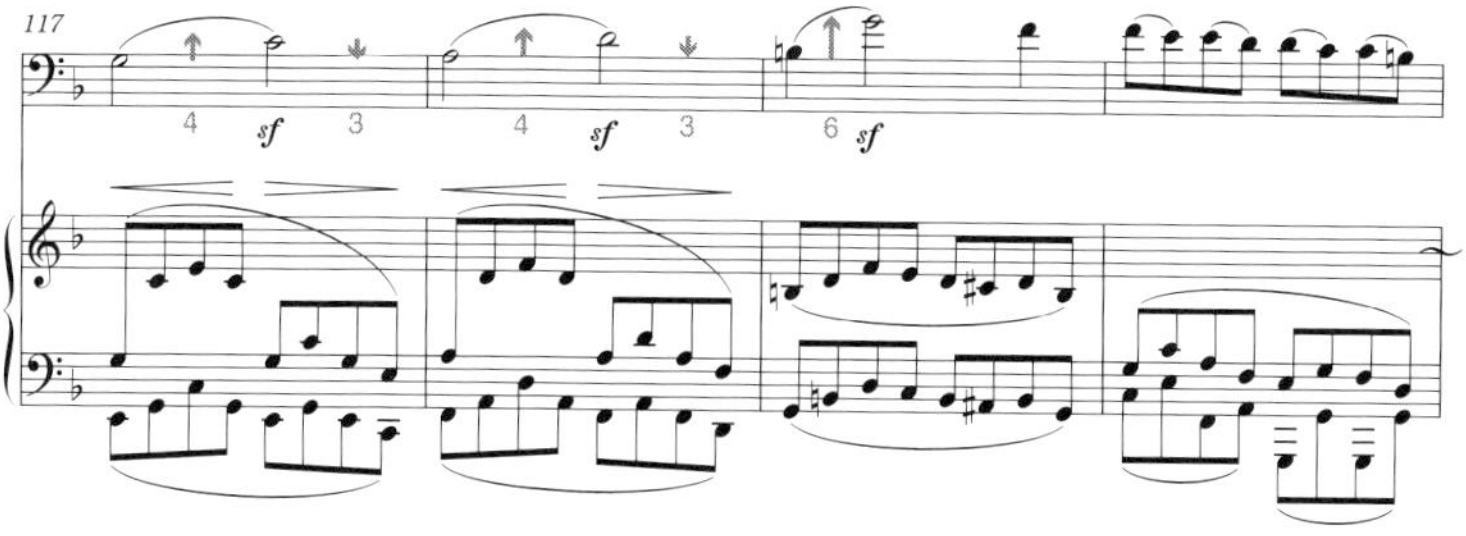

［譜例④］「ピアノ・ソナタ第９番」冒頭

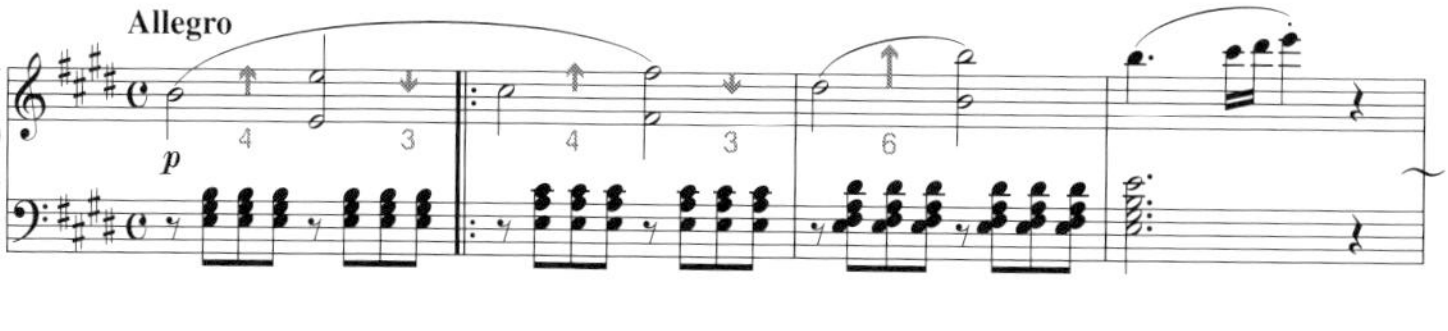

が8分音符を刻んでいますよね。そしてその旋律は……。

小山　《ワルトシュタイン・ソナタ》の主題【譜例②】に似ていますね！　Op53の要素がもうこんなところに出ているということですね。しかも、第2主題が出てくる117小節目くらいのところ【譜例③】、調は違うのですが、チェロの主題が「ピアノ・ソナタ第9番」（Op14）の、4度上行と3度下行、そして3回目は6度上行の組み合わせ【譜例④】と、音程関係が全く一緒なんです。

平野　はい、こういう発想は後期作品でもよく使われるものですね。どうしても初期の作品は見逃されがちなのですが、改めて見ると本当にたくさんの発見に満ちています。チェロ・ソナタのアダージョによる導入部というのは、バロック式の教会ソナタの影響が大きいです。こういう「緩―急」のコントラストをこの時期は多用していますね。

小山　「第1番」で、主調がヘ長調なのに、展開部でイ長調にいくのも面白いですね。

平野　そうですね。ただ彼は♭1つから♯3つという意識ではなく、ヘ音とイ音という「長3度」を重視していたのでしょうね。

小山　それから、チェロが歌い上げてピアノが細かい音を奏していく、対話のような書法も特徴的ですね。

平野　御前演奏ということで、やはりプロイセンの宮廷オーケストラの首席奏者をたてなければなりませんから、チェロが朗々と主題を歌う、旋律的なパートが散りばめられています。

小山　チェロを効果的に歌わせるためにピアノはかなり忙しいですね。あと、全体的に音域が高めな印象を受けます。とにかくピアノは音が多いので、演奏時にはチェロとのバランスに気をつけないと良い響きが作れない、曲にならない、それが難しいのです。

平野　やはり中低音のチェロの響きが生かせるように、ピアノ・パートにはあまり低音が使われていないですね。

ベートーヴェンがいかに優れた
弾き手だったかということが
よくわかる作品です

小山実稚恵

作曲者本人の技巧を反映したピアノ・パートの充実ぶり

小山　2楽章構成の形をとっているのも興味深い点です。これはやはりバロックの様式やコントラストを意識してのことだったのでしょうか。

平野　もちろん意識していますね。ただ、表向きは2楽章構成ですが、例えば「第1番」は、第1楽章がアダージョ・ソステヌートによる34小節の序奏、そしてアレグロの主部、ロンドで成っていますから、3つの部分から成っていると考えられます。

小山　「第2番」ト短調もアダージョで始まっていて、表向きは2楽章構成でありつつも、同様に3部分から成る曲と考えられる……。

平野　これは北ドイツでバロックから前古典派くらいまで、伝統的に用いられていた形なんです。ベルリンでの御前演奏ということもあり、その土地の趣味に合わせた作品を書いたということですね。また、残念ながら完成された自筆譜は失われてしまったのですが、残っているスケッチを見ますとベルリンで買った紙に書いたということもわかっています。

小山　ベルリンで買った紙なのですか。ベートーヴェンは1796年の5月にベルリンに入っていますから、作曲してすぐ6月には御前演奏していたということですよね。となれば、やはり作曲にあたっては、デュポールからの提案も取り入れていたと考えるべきでしょうか。

平野　そうだと思います。ヴァイオリン・ソナタを書く時にも、ベートーヴェンはイグナツ・シュパンツィヒ（1776

〜1830）に意見を求めていますからね。さらに面白いのは、この作品の10年後、1806年にジャン＝ルイ・デュポールはチェロ教則本を出版しています。その中にあるスケールやアルペジオ練習は、ベートーヴェンのOp5の中にたくさん入っている音型なんです。

小山　ベートーヴェンのチェロ・ソナタは、「第1・2番」がジャン＝ルイ・デュポール、「第3番」は恐らくアントン・クラフト（1752〜1820）、「第4・5番」はヨゼフ・リンケ（1783〜1837）が初演を務めています ね。それぞれの作品の性格がかなり違うのは、時期によるのはもちろんなのでしょうけれど、それぞれの奏者のテクニックを想定して書かれたということですね。そしてピアノ・パートが非常に技巧的だったのは、ベートーヴェン自身の技術を盛り込んでいるからなのですね。

平野　ピアノ・パートについては、常に自分が演奏することを想定しています。1809年の《皇帝》以降、ピアノ協奏曲を書かなくなるのは、耳の障がいが進んでオーケストラと合わせることが難しくなったためでしょう。一方でピアノ・ソナタを書き続けたのは、一人でも弾けるものだからです。

小山　溢れる音楽を優先しつつも、自分が弾いた「感触」も重視している感じがします。複雑な音階、スタッカートによる分散和音、執拗なシンコペーションなど、高度なテクニックが随所で求められます。ベートーヴェンがいかに優れた弾き手だったかということがよくわかりますね。

平野　少年時代にオルガニストとして活躍したことや、即興演奏の名手であったことはかなり影響していますね。このチェロ・ソナタは完成から1週間以内には、御前演奏されているはずですから、自分の得意なパッセージをかなり盛り込んでいたはずです。

——初期作品であるチェロ・ソナタだが、すでに「革新者」ベートーヴェンの新たな一面を垣間見ることができ、中期、後期に至る書法の萌芽やネーフェの影も見出すことができる重要な作品だということがおわかりいただけたことであろう。ベートーヴェン作品におけるチェロの役割を再検討することは、あらゆる作品においても発見があるかもしれない。

＊6　1618年、ブランデンブルク選帝侯国と東のプロイセン公国とが合同して形成された王国で、現在のドイツ北部からポーランド西部にかけて領土としていた。首都はベルリンにあった。

＊7　フランスのチェリストであるデュポール兄弟のところには、たくさんのチェリストが教えを乞いに訪れていた。ベートーヴェンと関わりのあるチェリストとしては、ベルンハルト・ロンベルク（1767〜1841）とアンドレーアス・ロンベルク（1767〜1821）らがいる。従兄関係にある彼らは、ベートーヴェンのボン時代、宮廷にいたチェリストたちである。

平野先生のOne more point Beethoven

1796年のプラハ〜ベルリン旅行

ベートーヴェンの生涯で最も長い音楽の旅が、25歳を2カ月ほど過ぎた1796年2月10日頃にウィーンを出発し、プラハ〜ドレスデン〜ライプツィヒ〜ベルリンを巡り7月初旬に帰着するまでの5カ月におよんだ旅行だ。ウィーンでの家主でパトロンでもあるカール・リヒノウスキー侯爵がベートーヴェンを旅に誘って、プラハまで同行し、この街の音楽愛好貴族界にベートーヴェンを紹介し、侯爵自身はここでウィーンに帰っている。プラハはモーツァルトを最高のもてなしで受け入れた街であるが、モーツァルトをプラハ旅行に誘ったのも侯爵であった。作曲家フランティシェク・ドゥシェック（1731～99）とその夫人で名ソプラノのヨーゼファ（1754～1824）を中心とするサロンは、プラハの音楽文化の象徴的存在であった。かつてモーツァルトが《ドン・ジョヴァンニ》のスコアを仕上げたのも、ドゥシェック夫妻の別荘に滞在中の1787年10月のことであり、大成功の初演もプラハでのことであった。その滞在中にモーツァルトがヨーゼファ夫人のためにアリア《美しい恋人よ、さようなら》K528を作曲したように、ベートーヴェンもオーケストラ伴奏によるシェーナとアリア《ああ、裏切り者》Op65を作曲、プレゼントしている。また、このサロンの常連であったクラリ伯爵令嬢ヨゼフィーネ（1777～1828）のために、マンドリンとチェンバロのための二重奏曲を4曲（ソナタ2曲、アダージョ、変奏曲＝WoO43a, 43b, 44a, 44b）作曲しており、同サロンで、ベートーヴェン自らも共演者となって演奏したであろうことは確実である。居心地のよいプラハに4月中旬までの2カ月滞在している。この間にモーツァルトのまだ出版前（初版出版1799年）の「ピアノと管楽のための五重奏曲」K452の演奏を聴き、同編成の作品の作曲を勧められたと思われる。その結果が同じ変ホ長調の「ピアノと管楽のための五重奏曲」Op16だ。

その後、ドレスデンでザクセン選帝侯宮廷での夜会でピアノの御前演奏をするなどして4月下旬まで過ごし、5月初旬はライプツィヒを訪れ、中旬に最終目的地のベルリンに到着。プロイセン国王フリードリヒ・ヴィルヘルム2世の御前で国王の宮廷オーケストラの首席チェロ奏者ジャン＝ルイ・デュポールと新作、２つの「チェロ・ソナタ」Op５を演奏している。また、大バッハとヘンデル、モーツァルト作品を愛し、自らチェロを嗜む国王のために作曲した、「ヘンデル《マカベウスのユダ》の主題による12の変奏曲」WoO45、および「モーツァルト《魔笛》の主題による12の変奏曲」Op66もこのベルリン滞在の成果である。

「チェロ・ソナタ」Op5の２作品をベートーヴェンとともに初演したジャン＝ルイ・デュポール

今回は３つのピアノ・ソナタを扱う。ベートーヴェンの個性がさらに輝き始め、洗練された技巧が映える「第４番」ソナタ、そして「第19番」と「第20番」とされているが、実際は若い時に書かれた学習用のOp.49に新たな一面を見出す。

第４回

<table>
<tr><th>楽曲名</th><th>調</th><th>作品番号</th><th>作曲年</th><th>出版年</th><th>編成</th></tr>
<tr><td>ピアノ・ソナタ第４番</td><td>変ホ長調</td><td>Op7</td><td>1796～7</td><td>1797</td><td rowspan="3">p</td></tr>
<tr><td>ピアノ・ソナタ第19番</td><td>ト短調</td><td>Op49-1</td><td>1795～8</td><td rowspan="2">1805</td></tr>
<tr><td>ピアノ・ソナタ第20番</td><td>ト長調</td><td>Op49-2</td><td>1795～6</td></tr>
</table>

演奏機会の少ない「第４番」その鍵となる献呈者バベッテ

――ベートーヴェンの32曲のソナタについて改めて考えると、初期のソナタは、「重要である」という認識はあり、勉強のために弾かれることはあっても、ソナタ全曲演奏会でもない限り、コンサートやリサイタルのプログラムとしての登場機会には恵まれていない。しかし、今回取り上げる「第４番」のピアノ・ソナタ（Op７）は、書法や献呈された人物などを総合的に見ていくと、新たな発見に満ちた作品であることがわかった。

平野　意外な気もするのですが、規模的には「第29番《ハンマークラヴィーア》」に次ぐ大きな曲なんです。また、主和音と主音連打による開始【譜例①】など、これまでのピアノ書法とは一線を画すものが見受けられます。

小山　もちろん、これまでのベート

[譜例①]「ピアノ・ソナタ第４番」冒頭

ーヴェンの作品にはすでに「彼らしさ」がありましたが、私はこのOp7から特にベートーヴェンの魂を激しく感じるんです。彼の生命力や内面といったものが、より直接的に反映されているような気がします。

平野　そうかもしれません。特にこれ以前の作品は、ベートーヴェンが実験的な要素や技術を「魅せる」といったことを意識していたためか、とても混み入った書法で書かれていますが、この作品はとても洗練されたテクニックや流れが見えますね。ここで、曲を献呈されたバベッテ（バルバラ）・フォン・ケグレヴィッチ伯爵令嬢（1778〜1813）という人物に注目すべきだと思うんです。

小山「不滅の恋人」候補ではなかったからなのでしょうか、研究書でもほとんど名前が挙がってこない女性ですが、確か、非常に才能豊かで、優れたピアノの弾き手だったのですよね。

平野　彼女はベートーヴェンのところに早くから弟子入りしていますが、時期が早いということだけでなく、非常に優れたテクニックをもっていたようです。他にも「ピアノ協奏曲第1番」（Op15）や、ヘ長調主題が変奏を重ねるごとに3度ずつ下に転調してゆく、独創的で華麗な「創作主題による6つの変奏曲」Op34とか、「サリエリの歌劇《ファルスタッフ》の二重唱〈全くその通り〉の主題による10の変奏曲」WoO73などが献呈されていますから、相当な弾き手で、しかもベートーヴェンの音楽表現の考え方をよく理解できる豊かな音楽性の持ち主であったと思われます。

小山　確かにこれまでに見てきたソナタや室内楽作品のピアノ・パートは、音階やアルペジオの動きに特徴があって、音を詰め込んでいる印象がありました。この作品も難しい音型がたくさん出てきますが、もっとすっきりした印象を受けます。やはりこれは彼女のピアニズムを意識して、今までとは全く違うタイプの曲を書こうという意識が働いていたからなのでしょうね。

「ピアノ・ソナタ第４番」の初版譜表紙。中央に「BABETTE de KEGLEVICS」の名前が記されている

献呈者バベッテはベートーヴェンの
音楽をよく理解できた、豊かな音楽性の
持ち主だったのでしょう
平野昭

より洗練され、長大で前作を凌駕する佳品

――４楽章構成、また規模も大きいということでOp２（「ピアノ・ソナタ第1～3番」）の３曲と同じような枠にはめて考えてしまいがちの「第４番」。だが、改めて注目し直すと、書法、テクニックにさらに響きなど、あらゆる面で洗練されたことで、女性らしい優雅さに満ち、それまでの作品とは一線を画した内容なのである。

平野　また、この頃から早くも彼の「統一性」に対する意識が見えてきます。例えば、第1楽章開始部の休止を挟んでの短いモティーフによる主題提示を、第2楽章でも同じような性格の開始部で用いたりしているんです。また声部の独立性も特徴的ですね。例えば第2楽章の第25小節で、右手にはセンプレ・テヌート、左手にはセンプレ・スタッカートという指示を書いていて【譜例②】、あたかもオーケストラで違う楽器が弾いているような感じが表現されています。

小山　第50小節も、左手にはテヌートと指示しつつ、右手は軽やかな響きで演奏するようになっていて、声部が緻密に分かれています。ここまで詳細に指示を書いているのは、やはり彼の求める響きが確固としたものだったからだと思えるのです。強弱の指示もとても多いですよね。第2楽章の第41小節では、同じ*pp*をあえて左手と右手それぞれに書いているのが特徴的です【譜例③】。これほど細かく指示を書き込んでいるのは、やはり弟子に捧げた曲なので、レッスンの延長のような感覚もあったということでしょうか。

平野　そうですね。それだけではなく、たぶん、ベートーヴェンは右手と左手で異なる表情を弾き分ける技術も求めているのだと思います。

小山　それから、私は第1楽章の同音連打に熱い魂を感じるんですが、第2楽章には、何かを慈しんだり愛でたりするような感情があって、バベッテへの想いのようなものを感じます。ハ長調の無垢な感じ、優しさの中にすごく素朴さがあ

［譜例②］「ピアノ・ソナタ第４番」第２楽章第25小節

［譜例③］「ピアノ・ソナタ第４番」第２楽章第40小節～

［譜例④］「ピアノ・ソナタ第４番」第４楽章ロンド冒頭

る。調性のもつ雰囲気もバベッテへの想いと関係しているような気がします。

平野　ベートーヴェンはこの作品のことを日記や書簡の中で「Die Verliebte（愛する人）」と呼んでいますから、非常に愛情の込もった作品になっていると思います。そして、第2楽章がハ長調というのはやはり注目されるべきことでしょう。この作品の前に書かれた「第3番」（Op2-3）では第2楽章が主調のハ長調から長3度上のホ長調でしたが、この「第4番」は主調の変ホ長調から短3度下のハ長調になっていますから、前作と相対的な関係になっていますね。3度関係ですが、どちらも近親調ではないわけで、やはりこの時代としては特別な調性感とハーモニーに対するセンスをもっていた人だったことがわかります。

小山　第3楽章のスケルツォはトリオ部分の3連符の並びにもメロディが隠されていたり、さりげないところに対位法的なものが見え隠れしたりします。*ppp*がトリオの最後に使われていますが、これもなかなか見られない指示ですね。細かなところに様々な工夫が凝らされているなと感じます。

平野　第4楽章のロンドも面白いですよ。第1楽章と同じく、開始部の左手に同音連打が置かれています【譜例④】。ただ、第1楽章は主音の変ホなのに対し、第4楽章は属音の変ロなんです。繋がりはありつつ、一筋縄ではいかない関係性をもたせていますね。

小山　第16小節からは交差で変ロの同音連打する中音域を挟んでソプラノとバスが対話しています【譜例⑤】。こうして見ると、「第4番」は同音連打がすごくポイントになりますね。同音連打からは鼓動のようなものを感じ、「運命の動機」を思わせます。また、この書法は《熱情ソナタ》のテクニックにも近いものがあるように思えるのですが…。

平野　確かに中期のピアニズムを先取りしたような、チェンバロではできない書法になっていますね。これはエスケープメントが発達していない当時のピアノでは相当大変だったと思います。第4楽章は特に左手も絶えず動いていて、少しエチュード的で、曲の長さもかなり長いです。この曲があまり弾かれないのは、演奏の難しさも理由に挙げられるでしょうね。これを弾きこなしていたバベッテのピアニズムにも大変興味を惹かれます。

[譜例⑤]「ピアノ・ソナタ第４番」第４楽章ロンド第16小節〜

この作品から特にベートーヴェンの魂、生命力や内面といったものを激しく、また素直に感じます
小山実稚恵

実はひとつの作品だったのか？「第19番」「第20番」の仕組み

――ベートーヴェンのソナタは全32曲あるが、それらは出版の順番になっているため、作曲順にはなっていない。現在、「第19番」「第20番」とされているOp49の2曲は、実際には「第4番」の直前に書かれたものである。

平野　これはあくまでも仮想のお話なのですが……。4楽章で書かれている「第1～3番」と「第4番」の間に作曲されたことから想像すると、それぞれ2楽章から成るOp49は、2つを組み合わせて4楽章のソナタと捉えることができます。Op49－2の第1楽章【譜例⑥】を最初に据え、Op49－1の第1楽章【譜例⑦】を緩徐楽章、と交互に並べていくと、第1楽章 Allegro, ma non troppo、第2楽章 Andante、第3楽章【譜例⑧】Tempo di Menuetto、そして第4楽章【譜例⑨】Allegro という配列、しかもト長調とト短調という、ト調による4楽章構成のソナタになります。これはヘ調で構成された作品2－1に通じるものがありますよね。

小山　確かにOp49－1は第1楽章がアンダンテ、というのが以前から不思議だったのですが、2曲でひとつのソナタと考え、その第2楽章と考えれば……。なるほど、こうやって並び替えてみると、妙に腑に落ちますね。

平野　また面白いのが、Op49-1のメヌエットは、「七重奏曲」（Op20）第3楽章のメヌエットと調は違いますが、同じ主題で書かれています。「七重奏曲」のメヌエットは当時大流行し、ベートーヴェン自身もお気に入りの主題でした。Op49は弟子のために書いたものなので彼自身は出版するつもりのなかった作品であったと思いますが、こうして見ると興味深い要素がたくさんある曲なのです。

小山　Op49の2曲は「ソナチネ・アルバム」に収録されていることもあって、子供向けのイメージが強かったのですが、こうして4楽章のソナタとして見つめ直すなど、新しい角度から見ると様々な発見があって、印象が変わってきました。

――今回取り上げた「第4番」、そしてその直前に書かれた「第19番」と「第20番」を、同時期の他ジャンル作品との関連や前後関係などの観点を含めて見つめ直したことで、新たな作品の魅力や可能性を発見することができた。ベートーヴェンの初期のソナタは、単に「若い頃の作品」と片付けてしまうにはあまりにも惜しい作品なのである。

[譜例⑥]「ピアノ・ソナタ第20番」第1楽章（ト長調）

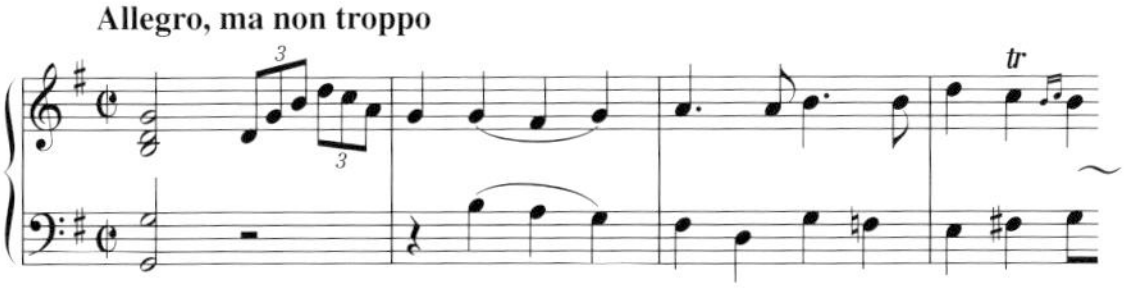

[譜例⑦]「ピアノ・ソナタ第19番」第1楽章（ト短調）

[譜例⑧]「ピアノ・ソナタ第20番」第2楽章（ト長調）

[譜例⑨]「ピアノ・ソナタ第19番」第2楽章（ト長調）

平野先生のOne more point Beethoven

バベッテ・ケグレヴィッチとエルバ=オデスカルキ公

バベッテ（Babette）の愛称で知られるアンナ・ルイーゼ・バルバラ・フォン・ケグレヴィッチは、クロアチアのブジン出身の伯爵カール・ケグレヴィッチ（1739年生）の娘であるが、正確な誕生日はわかっていない。カールはハンガリーのジチー伯爵令嬢カタリーナ・マリア・ヨーゼファ（1752年生）と1780年頃に結婚し、プレスブルク（現ブラティスラヴァ）に居を構え、ウィーンにも別邸を構えていた。バベッテは幼少期からプレスブルクとウィーンの両方の屋敷を両親とともに頻繁に往復していたと思われる。バベッテはどんなに遅くても1797年までにはベートーヴェンの弟子になっていたと思われる。なぜなら、この年の10月にウィーンのアルタリア社からバベッテへの献辞付きのOp 7のソナタが出版されているからである。後年バベッテの甥がベートーヴェン研究家のグスタフ・ノッテボームに語ったところによると、当時のベートーヴェンの住んでいた家はバベッテ叔母さんの家から通りを横切ってすぐの所にあり、ベートーヴェンはレッスンのときいつもナイトガウンにナイトキャップをかぶりスリッパで現れた、と伝えられているが、これはかなり誇張の過ぎた話で信憑性は低い。バベッテは1801年2月10日にプレスブルクでイタリアの名門貴族の王子エルバ=オデスカルキ（1778〜1831）と結婚している。エルバ=オデスカルキ公はウィーン宮廷で侍従を務めるほど知性と教養を備えた人望の厚い人物であった。ウィーンの私邸では「音楽の夜会」を主宰し、1801年のある夜会ではベートーヴェンの「七重奏曲」Op20も演奏されたことが知られている。

バベッテはベートーヴェンから多くの作品を献呈されているが、1813年4月に33歳ほどの若さで他界している。寡夫エルバ=オデスカルキ公は1818年から3年間にわたってウィーン楽友協会副理事長を務めており、その職務として1819年には楽友協会のための新作オラトリオの作曲委嘱をベートーヴェンと交渉している。このころベートーヴェンは難聴がかなり進んでいて、大切な会話には筆談帳（一般に「会話帳」と呼ばれるが、ベートーヴェンの返答は口頭で行われたので、ここには対話者の質問などしか記されていない）を使うようになっていた。同年11月20日頃と推定される、楽友協会副理事長イノツェンツ・オデスカルキ侯爵宛ての短信には「私は決して忘れてはいませんし、ただ、そのような仕事は慌てて済ませようとも思っていません」といった返事でこれを引き受けたのだが、結果的にオラトリオは作曲されなかった。

クロアチアの名家であったケグレヴィッチ家の紋章。バベッテはベートーヴェンから多くの作品を献呈されることになった

同じOp10でありながら、それぞれが全く異なる書法で書かれた3つのピアノ・ソナタ「第5～7番」を取り上げ、それぞれの楽曲の個性とそれらの意味するところを掘り下げていく。

第5回

楽曲名	調	作品番号	作曲年	出版年	編成
ピアノ・ソナタ第5番	ハ短調	Op10-1	1795～7	1798	p
ピアノ・ソナタ第6番	ヘ長調	Op10-2	1796～7		
ピアノ・ソナタ第7番	ニ長調	Op10-3	1797～8		

引き算の美学――「第5番」

――ベートーヴェンの「初期」ソナタと一言で言っても、その書法、キャラクターは実に多彩で、一定の特徴を見出すことは難しい。さらに構造美、技巧の難渋さにフォーカスがあたりがちであり、音楽に込められたベートーヴェンの心情やドラマ性、様々な創意工夫についてはなかなか取り上げられることが少ないように思える。今回はOp10の3曲（第5～7番）のソナタを通して、新たな方向に進み始めたベートーヴェンの創作の歩みを追う。

平野　Op10は自筆譜が残っていないため成立年代が曖昧なのですが、研究が進み、「第7番」（Op10-3）は「《悲愴》ソナタ」と非常に近い時期の作品だということがわかってきました。「《悲愴》から大きく書法が変わる」というイメージをもたれがちですが、実はピアニズム、調の推移、そして感情表現など、すでにたくさんの革新性がOp10で発揮されているのです。

――ここまで4楽章構成のソナタを書いてきたベートーヴェンだったが、Op10で伝統的な3楽章構成のソナタ創作に回帰した。ここには「引き算」の考え方が見えてくる。

平野　単に伝統に戻るのではなく、一度4楽章として試みたものを、どれかの楽章を省略して3楽章にした、と考えるのがいいでしょう。やはりベートーヴェンは常に新しいことに取り組む姿勢を崩していないんです。

小山　Op10の3曲はパターン化された上行音型など、色々な技法が使われつつ、とても合理的に書かれていますね。「第4番」まではやりたいことをいかに盛り込むか、という印象がありましたが、ここにきて様々なものを整理した印象を受けます。

平野　まるでオーケストラのトゥッティの強奏一撃を思わせる開始。付点リズムで勢いよく跳ね上がった木管を穏やかに鎮める弦楽のような主題提示【譜例①】。この「第5番」（Op10-1）の調について見ますと、「第7番」第2楽章のニ短調、「《熱情》ソナタ」のヘ短調のような悲劇性とは違う、宿命を受け入れるような感じがこのハ短調にはありますね。

小山　そして第2楽章は変イ長調になっています。この調性関係は「《悲愴》ソナタ」や「《運命》交響曲」と同じですね。

平野　音楽表情だけでなく、計算し尽くされた構成美も特徴です。この緩徐楽章には12連符や6連符といった細かいパッセージが多いのですが、ただ装飾的なのではなく、すべてが主題や動機と関連するような動きなのです。非常に旋律的で抒情的ですが、細かいものが巧妙に積み重なってできているのですよね。

小山　第3楽章も冒頭から緻密な計算が見えますね。ドの音を持続させながら、ファ→ラ→ドと上がっていくところなど……【譜例②】。また、テンポ表記のPrestissimoにも「さすが」と思わされます。長短調や強弱など様々な要素が入り乱れる、切迫感のある曲なので、遅く弾いてしまうと表情が失われてしまいますからね。

平野　そしてもうひとつ、ちょうどこの曲くらいから、音価の大きな音にフェルマータをつけて、それに続く部分の表情をガラッと変える書法が見受けられるようになります。これは後の「《ワルトシュタイン》ソナタ」等で一層顕著になるものです。また、第3楽章

[譜例①]「ピアノ・ソナタ第5番」冒頭

[譜例②]「ピアノ・ソナタ第5番」第3楽章冒頭

の終止は全曲のクライマックスでありながら、デクレッシェンドして音型も下がっていき、ピカルディ終止[*8]（長三和音）で終わりますね。これも当時では〝古くて新しい試み〟と言えるでしょう。

小山　「第5番」は弱音がすごく効果的に使われています ね。第2楽章が*pp*から始まるのはもちろんですが、第3楽章も最後は*p*からどんどんディミヌエンドして終わっていきますね。終止に向かって音をおさめるだけでなく、浮遊させて終わることもできる。音の方向性を色々考えることができますし、鼓動のようなものも感じます。盛り上げて終わらずにあえて静かな余韻を残すあたりに「引き算の美学」を感じずにはいられません。

Op10の3曲は多様な解釈を示すことのできる作品。たくさんの演奏家の方に様々なアプローチを示していただけたら嬉しいです　平野昭

ユニークな発想が頻発――「第6番」

小山　「第6番」Op10-2は、なんとも不思議な曲ですよね。3連符と16分音符が入り乱れていたり、主調がヘ長調なのに再現部でニ長調が突然出てきて、突然♭系から♯系に変わってしまったり……。

平野　リズムの饗宴、競演かな（笑）。右左の声部が全く同調しないリズムで動く【譜例③】ちなみにこの曲は、提示部が66小節、展開部が70小節、再現部が66小節と、各部分がほぼ同じようなサイズになっています。こういうバランスも珍しいです。ハイドンやモーツァルトは、展開部を提示部の半分くらいの規模にしています。

小山　気が付きにくいところに、さりげない革新性が見えるんです。ピアニズム的にも交差が多くて、「魅せる」ことを好んだベートーヴェンらしさが出ているなと。それにしても、「第5番」の厳しい感じとはまた違う愛らしさがありますよね。全体を通して歌や情緒的なものを感じずにいられません。

平野　そうですね。だから緩徐楽章を置かず、第2楽章をスケルツォにしているのにも関わらず、強いまとまりがあるのかもしれません。「交響曲第5番《運命》」がハ短調で「第6番《田園》」がヘ長調。偶然ですが、ピアノ・ソナタも同じ

【譜例③】「ピアノ・ソナタ第6番」第1楽章第60小節～

並びで、ちょっと面白いですね。

小山　第3楽章は、冒頭に強弱記号が書いていないのも面白いですね。リピートもありますから、強弱の変化をつけながら色々な弾き方を試すことができるのではないでしょうか。

平野　第21小節からようやく*f*が出てきますし、それに向けて弱音で始めるのがセオリーになるとは思いますが、あえて強く弾き始めても面白いかもしれませんね。

後期に通じる内容の深化──「第7番」

──Op10のうち2曲──「第5番」「第6番」が3楽章と小規模な作品が続いたが、3曲目の「第7番」は4つの楽章を擁する大きい規模で書かれ、内容もより一層深いものが展開する。

平野　「第7番」は明らかに、「オーケストラ」が意識されていますね。しかも、現在の出版譜には書かれていますが、初版譜を見ると書かれていなかった音もたくさんあるんです。これは当時のピアノの音域（次ページ「ピアノの音域」参照）の問題ですが、当時は「三点へ音」までしかなかったので、第1楽章の22小節目、右手の「三点嬰へ音」は鳴らせませんでした【譜例④】。左手の低音、15小節目の「下一点ほ音」も出せません【譜例⑤】。また271、2小節目のところの左手オクターヴが下がっていく箇所【譜例⑥】も、当時のピアノでは低音域が足りなかったので、初版譜ではオクターヴではなく、単音で書かれているんです。

小山　第2主題からは、木管的な響きが聴こえてきますね。第66小節あたりからは、楽器が次から次へと変わっていく様子が浮かんできます。4声でこれだけの表現ができてしまうのか……と驚かされます。

平野　第2主題といえば、注目していただきたいところがあります。ニ長調の第1主題に対して、第2主題はイ長調で書かれていますが、その前の23小節目のアウフタクトからの経過主題もしくは移行部というべきところが、ベートーヴェンが「黒い調」と呼んで使用することを極力避けていたロ短調で書かれているのです【譜例⑦】。ここは非常に意味深いものだと思います。

小山　意味深いと言いますと、第2楽章のLargo e mesto（ゆっくりと、そして憂鬱に）は、すでに「後期」の深い音楽が聴こえてくる楽章ですね。非常に内面的で、発想記号の指示通り、深い嘆きを感じます。終わりの方などは、Op110のソナタ31番に出てくる「嘆きの歌」に通じるものがあるように思えます。ニ短調ですからハ短調の暗さとは違う苦悩がありますよね。下行音型も多く、強弱の変化も唐突ですし、感情のコントロールもすごく難しいです。

平野　まだこの頃は耳の問題も表面化していませんが、《悲愴》とほぼ同時期の作品だということを思い出せば、このドラマ性は納得ですね。

小山　一方で、第3楽章はずいぶん平和で愛らしい。メヌエットと書かれながらもスケルツォであり、対位法的に書かれています。「第6番」の終楽章と少し似ていますね。

平野　続く第4楽章のロンドも興味深い楽章ですが、これは本当に弾きにくいですよね。

[譜例④]「ピアノ・ソナタ第7番」第1楽章第20小節〜

[譜例⑤]「ピアノ・ソナタ第7番」第1楽章第14小節〜

[譜例⑥]「ピアノ・ソナタ第7番」第1楽章第271小節〜

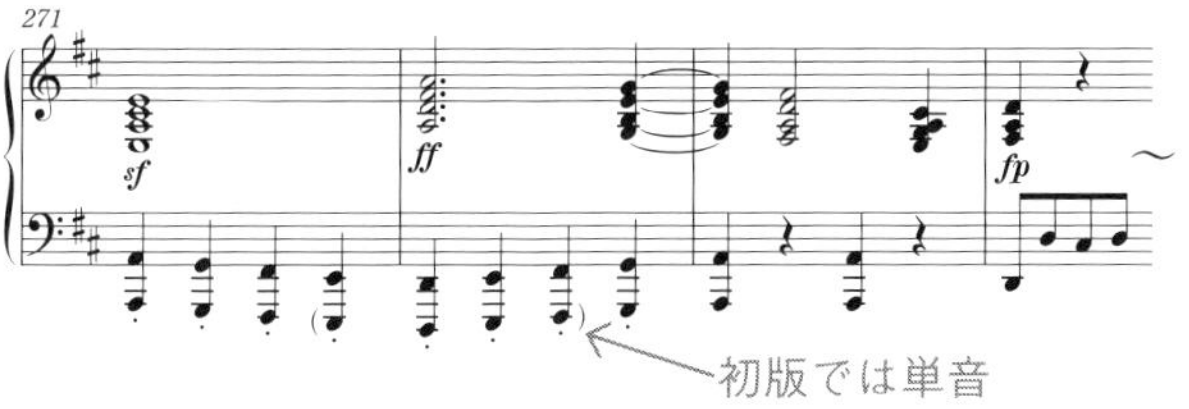

[譜例⑦]「ピアノ・ソナタ第7番」第1楽章第22小節〜

ピアノの音域

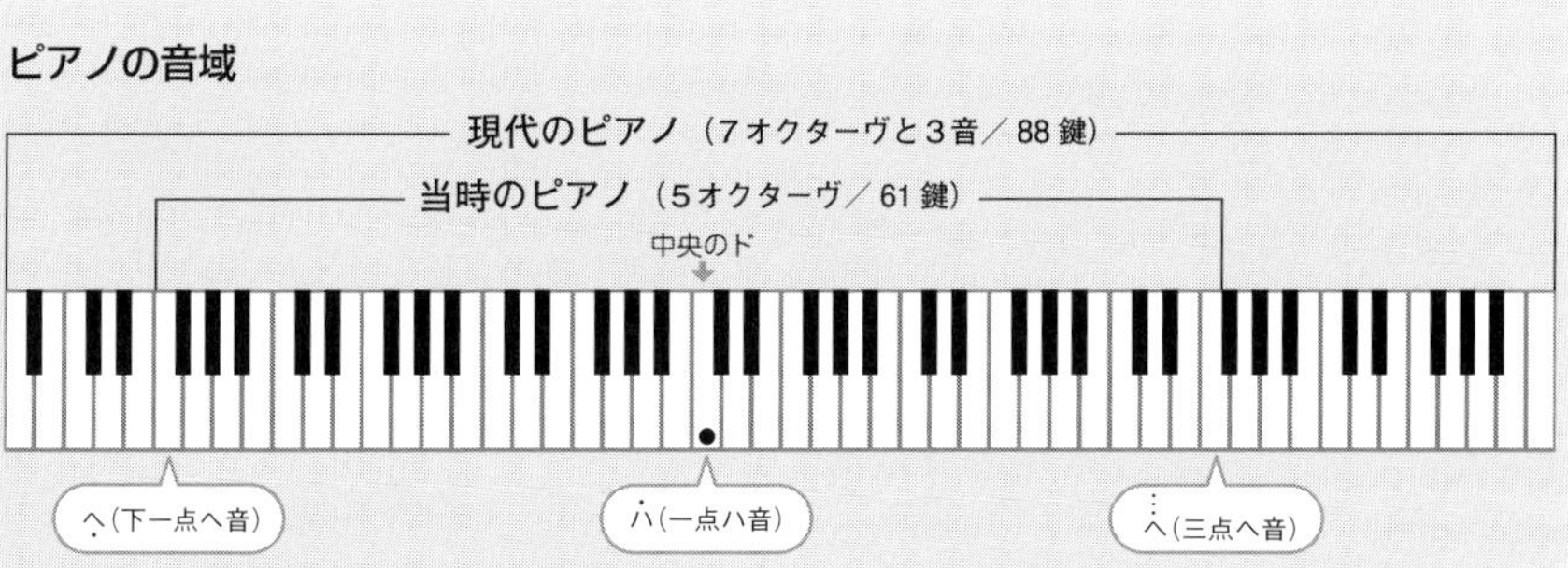

小山　はい。出だしがいちばん難しいかもしれません。また、低音域で静かに消えゆくような終わり方も特徴的です。これはOp10全体にも通じるものですよね。「第４番」Op７までは劇的さを前面に出す革新性がありましたが、Op10の３曲は、選び抜いた音の中でどれだけのことができるのか、という挑戦が見えてきます。

平野　Op10は多様な解釈を示すことのできる作品です。たくさんの演奏家の方に、これら前期の作品にもっと目を向けて、様々なアプローチを示していただけたら嬉しいですね。

Op10の３曲は、選び抜いた音の中で
どれだけのことができるのか、という
ベートーヴェンの挑戦が見えてきます
小山実稚恵

――Op２（「ピアノ・ソナタ第１～３番」）やOp７（同４番）のようにわかりやすい革新性はないが、Op10の３曲からは、より計算し尽くされた美や、ベートーヴェンの人間性が垣間見える表現を見出すことができる。さらに休符の扱いにもセンスが求められるだろう。こうした「行間」をどう楽しむかで表現は大きく変わり、洗練された「遊び」を導き出せるはずだ。

＊８
短調の楽曲において、最後が長調で終わるという、バロック時代に流行した終止の仕方を指すが、バッハの影響を多分に受けたためか、フレデリック・ショパン（１８１０～49）の作品にも多く見られる。

チェコとドイツへの大旅行へと出たベートーヴェンは、改めてモーツァルトの書法に接し、自身の創作に取り入れつつ独自のスタイルを打ち出していった。そして様々な編成の作品の創作に取り組むことで音楽性も深めていく。

第6回

楽曲名	調	作品番号	作曲年	出版年	編成
ピアノ三重奏曲第4番（《街の歌》）	変ロ長調	Op11	1797〜8	1798	p, cl/vn, vc
ピアノと管楽のための五重奏曲	変ホ長調	Op16	1796	1801	p, ob, cl, fg, hrn
ホルン・ソナタ	ヘ長調	Op17	1800		hrn/vc, p

1790年代の特徴的作風

――ベートーヴェンは1796年2月になると、パトロンで家主の大貴族カール・リヒノウスキー侯に誘われてプラハ、ドレスデン、ライプツィヒ、そしてベルリンと続く大旅行に出た。特にプラハでベートーヴェンはモーツァルトと親交のあった音楽家たちと2カ月ほど過ごし、作曲家としてさらに前進するのであった。

小山　この時期から色々な楽器とのアンサンブルによる作品が増えていますね。「ピアノ三重奏曲第4番《街の歌》」Op11ではクラリネットがとても効果的に使われていたり、終楽章がヨゼフ・ヴァイグル（1766〜1846）のオペラ・アリアを主題にした変奏曲だったりと、新しい試みが見られます。

平野　30曲以上のオペラを残したヴァイグルは当時とても人

ベートーヴェンが主題を引用した18世紀末の人気作曲家、ヨゼフ・ヴァイグル。ウィーン宮廷劇場の楽長としても活躍した

気を博した作曲家でした。「街の歌（Gassenhauer ガッセンハウアー）」という愛称の原意は「横町の流し」から転意した「流行歌」ということですが、この変奏主題がそれだけ流行っていたということです。この三重奏曲の終楽章の主題にされた曲は《船乗りの恋、あるいは海賊》というオペラの中の1曲で、「仕事に行く前に、ちょっと腹ごしらえ」という内容なのです。1797年10月15日にウィーンで初演されたオペラです。

小山　ベートーヴェン自身はこの終楽章をあまり納得していなかったようなのですが、とても素晴らしい楽章ですよね。一般的には変奏曲の中でミノーレ（131ページ参照）は1つなのに、この曲は2つ（第4、7変奏）もありますし、調も当時あまり使われていなかった変ロ短調になっています。細かいところで工夫が凝らされているんですね。

平野　ピアノの書法を見ると、ピアノがとても効果的に使われていて、これまでのような実験的な要素は影を潜めています。ほぼ同じ時期に作曲された「第7番」のソナタなどと比べると大きく変わっていますね。

小山　また面白く感じられるのが、第1変奏はピアノ・ソロで、第2変奏はピアノがタチェット（全休符）になり、クラリネット（またはヴァイオリン）とチェロの二重奏になっている点なのですが。

平野　これは1790年代までの室内楽でよく見られることなのです。例えば「《私は仕立屋カカドゥ》の主題による10の変奏曲とロンド」Op121aは出版年や自筆譜の情報などから1816年作曲とされていますが、私は1790年代の作品だと考えています。出版時に書き直したために紙は新しいのですが、ピアノ三重奏曲にも関わらず、曲中に二重奏やソロがあります。これは完全にベートーヴェンの1790年代までの特徴なのです。この頃は各楽器が「公平」になることをとても重要視して書かれていたのです。一番高い声部が主題を受け持ち、一番低い声部は伴奏……という主従関係ではなくなっています。

小山　楽器の使い方や楽譜の紙の材質で作曲年代が特定できてしまうなんて、とても面白いですね。まるで科学捜査のような……。

平野　現代ではインクの褪せ具合でも年代測定を行うことができますし、筆跡でもわかります。特にベートーヴェンの筆跡は、子供から大人になるにしたがってかなり字体が変わっていくのでわかりやすいんですよ。例えば、数字の「2」をこの書体で書くのは何歳まで、といった具合に。そのため、日記や手紙などに書かれた数字の筆跡と、楽譜の拍子の数字を見比べることで、成立年代の不明だった作品の作曲年を推定するのに役立つことがあります。

小山　作品年代を意識して改めて作品を見ると、それぞれの革新性に改めて驚かされます。《街の歌》の場合はやはり最

終楽章ですね。「予期しない」転調が出てくるんです。例えば、第9変奏の長いトリルが終わるとピアノのソロでパッセージが弾かれて、変ロ長調にも関わらず、唐突にAllegroでト長調が出てきますよね。そしてまた、何ごともなかったかのように変ロ長調に戻る。

平野　これは陥落楽句（Versunken Periode）と言われるものですね。平坦な道を歩いていると突然に陥没した穴が現れる、でもその先は元の平坦な道になるという楽句です。これは中期、例えば1802〜3年あたりにはよく出てくるのですが、これだけ早い時期にあるというのは面白いですね。

小山　基本的には当時の古典的なスタイルを踏襲した作品ながら、カデンツァのようにも即興のようにも思えるような「驚き」を入れるのを忘れていないんですね。

平野　こういう要素は室内楽アンサンブルの基本ですね。19世紀以降は深刻な作品も増えますが、この時代は特に「楽しむ」ことが一番大切ですから。

ベートーヴェンの筆跡、とりわけ数字は子供から大人になるにしたがってかなり字体が変わっていくので、作曲年代の推定根拠のひとつになります　平野 昭

モーツァルトの名作に触れて

――「ピアノと管楽のための五重奏曲」Op16も古典性や娯楽性が融合した作品となっている。

小山　この作品【譜例①】はモーツァルトの「ピアノと管楽のための五重奏曲」K452【譜例②】と全く同じ土台ででききていますよね。調はどちらも変ホ長調ですし、編成（オーボエ、クラリネット、ホルン、ファゴット、ピアノ）も同じです。第1楽章は、モーツァルトがLargoで始まってからAllegro Moderato、一方のベートーヴェンはGraveで開始してAllegro ma non troppo。続く楽章も概ね似たような構成ですね。ベートーヴェンはモーツァルトの作品を参考にしたのでしょうか。

平野　ベートーヴェンがこの曲を書いたとき、モーツァルトの五重奏曲はまだ出版されていなかったのですが、知る機会は恐らくあったと思います。1796年にベートーヴェンがリヒノウスキーに連れられて訪れたプラハでは、当時モーツ

[譜例①]
ベートーヴェン「ピアノと管楽のための五重奏曲」冒頭

[譜例②]
モーツァルト「ピアノと管楽のための五重奏曲」冒頭

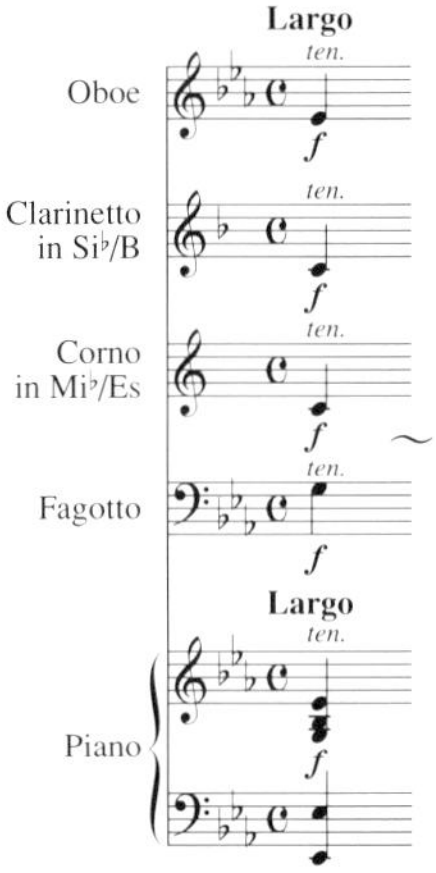

既出の通り、カール・リヒノウスキー侯爵はベートーヴェンのパトロンとして知られているが、モーツァルトの弟子でもあり、一緒にプラハ、ドレスデン、ライプツィヒ、ベルリンを旅している。また、ベートーヴェンを彼の一族に紹介したのはハイドンである

ァルトの音楽が非常に受容されていました。そもそもモーツァルトをプラハの音楽愛好貴族界に紹介したのもリヒノウスキーでした。ベートーヴェンをプラハ旅行に誘ったのも、モーツァルトの時と同じ理由です。そのような中、ベートーヴェンはモーツァルトの五重奏曲と同じような作品を書くように、貴族から依頼を受けたのではないかと思われます。演奏を聴いたのか、自筆譜や写本を見たのかは定かではありませんが、何らかの形で触れたはずです。

小山　楽章構成や編成、調も同じですから、モーツァルトのスタイルで書いたのでしょうね。しかも、その中でいかに自分を発揮するか、ということに心を砕いたように思えます。序奏を経てアレグロで開始する形を見ると、《悲愴》に通じるスタイルを感じますし、第1楽章の複付点の音型はファンファーレ風で、「フランス風序曲」のようですね。

平野　当時のベルリン旅行の影響がかなり反映されています。「フランス風序曲」は前時代のスタイルですが、当時のベルリンにはこういう古い伝統がまだまだ残っていましたから。

小山　一方で、モーツァルトを意識しているのかなという、3連符の下行音型や歌い回しも見られますね。

平野　この五重奏曲はモーツァルト自身も「最高の作品」と気に入っていましたから、貴族が気に入って似た作品を書くように依頼するのも必然でしょう。プラハとベルリンの趣味を踏まえて旅行から帰ったウィーンで作曲されたものです。

小山　傑作が傑作を生んだということになりますね。

ベートーヴェンが作曲をした年代を
意識して改めて作品を見ると、
それぞれの革新性に改めて
驚かされます
小山実稚恵

名手が与えるインスピレーション

——この五重奏曲のすぐ後に書かれたのが「ホルン・ソナタ」Op17である。作品番号は16、17と続いているが、五重奏曲からは3年ほどの開きがあり、随所に新たな要素が見出せる。

平野　この作品は1日か2日で書き上げたという説もあるくらい、ベートーヴェンにしては速筆で作曲されたものです。彼の弟子のフェルディナント・リース（1784〜1838）が連れてきたホルン奏者、ジョヴァンニ・プント（シュティッヒ・プント、1746〜1803）との共演で初演していますね。初演日は1800年4月18日なのですが、プントがウィーンにきたのが3月だったので、「1日か2日」と

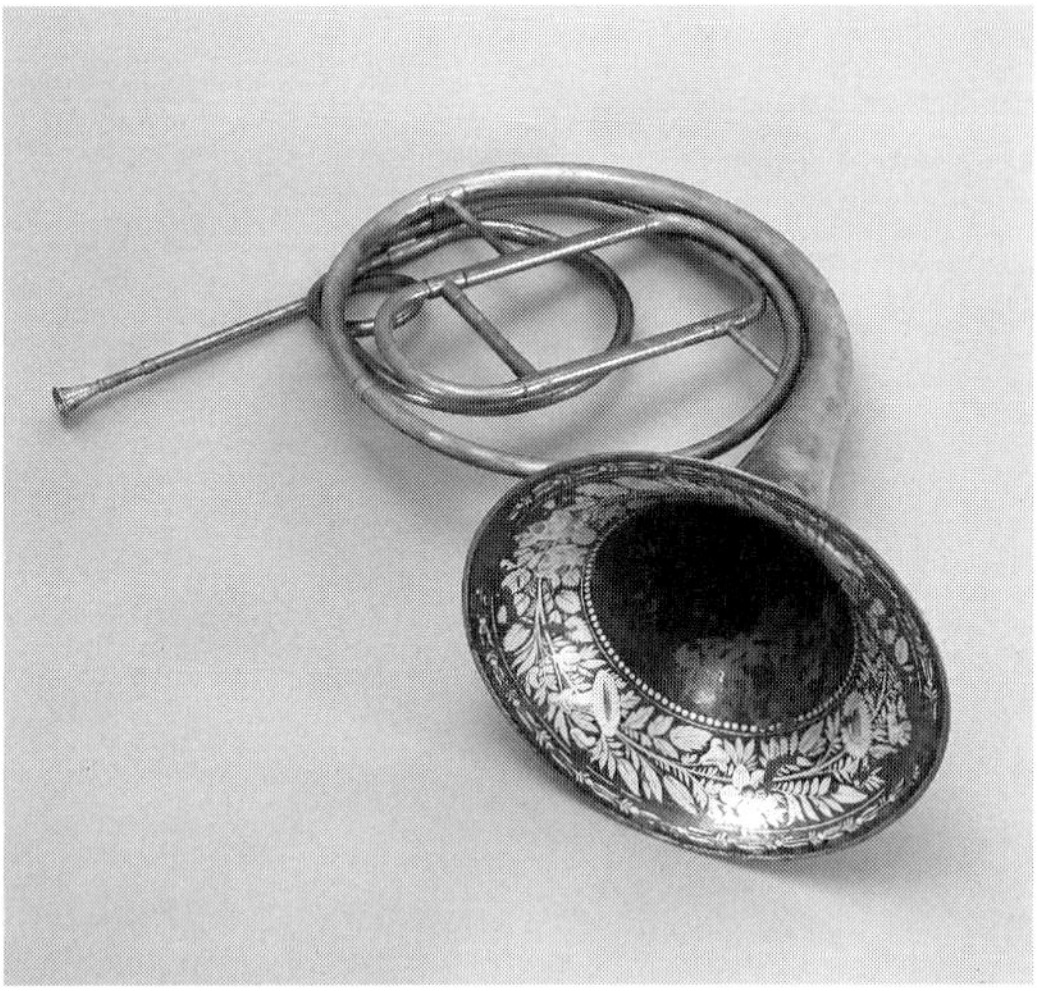

当時ヨーロッパで使われていた一般的なナチュラル・ホルン（1835～1837年フランスリヨン製／浜松市楽器博物館所蔵）。吹き込み管を取り替えることで調を変えていた

いうのは大袈裟だとしても、非常に短期間での作曲だったことはわかります。

小山　初版時には「ホルンまたはチェロを伴奏とするピアノ・ソナタ」と書かれていますが、冒頭から「ホルン信号」と呼ばれる4度上行音型が出てきたりして、技術的にも大変そうですよね。

平野　この作品はホルン奏者にとっての重要なレパートリーで、難しい作品です。これをナチュラル・ホルンで吹きこなしていたと考えると、プントの力量が相当なものだったことがわかります。[*9]

小山　楽曲自体も非常に難しいのですが、ベートーヴェンは楽器のことをとてもよく理解しているように思えます。

平野　《英雄》交響曲では3本使ったり、《第九》では演奏者が気の毒になるほどの長いスケールがあったり……、ベートーヴェンにとってホルンはお気に入りの楽器のひとつだったようです。

小山　前回のチェロ・ソナタもそうでしたが、特にアンサンブル作品の場合、名手との出会いが名曲を生み出す重要な契機になるのですね。

——半年にわたって様々な土地を巡ることで、モーツァルトの様式や古典的な趣味を自作に取り入れたベートーヴェンは、さらに名手との出会いを得て、作曲家として進化していった。今回取り上げた3曲はそのベートーヴェンの「過渡期」を象徴する作品だと言えるだろう。

＊9
ナチュラル・ホルンは音程を変えるための「バルブ」がなく、普通の状態では自由に半音階を演奏することができない。ベルの中に右手を入れ、その入れ加減によって音程を変える「ストップ奏法」の開発、「クルック（替え管）」と呼ばれる吹き込み管を取り替えて楽器の調を変えることで半音階を演奏するのである。そのため現代のホルンよりも演奏が難しい。

平野先生のOne more point Beethoven

モーツァルトからの影響

1787年４月にベートーヴェンがボンからウィーンのモーツァルト邸を訪ねたことについては、モーツァルト側の伝記には１行たりとも触れられていない。モーツァルトから与えられた主題をその場で即興演奏し始めると、モーツァルトはそっと隣室まで行ってそこに待っていた友人たちに声を弾ませ興奮した口調で、「彼を見守り給え、いつかは世間の話題となるだろう」と語ったというエピソードはベートーヴェン側の伝記が伝えることである。母親の病状が悪化したという父親からの手紙ですぐにボンへの帰郷の途についたため、ウィーン滞在は最大限に見積もっても４月７日から同月20日頃までの２週間ほどでしかなかった。いずれにせよ、16歳のベートーヴェンが多額の旅費を使ってウィーンを訪れた目的は、モーツァルトに音楽の教えを乞うことであった。

ボンの宮廷楽団員として、ベートーヴェンはモーツァルトのオペラのボン上演に数多く関わってきた。また、1784年着任のケルン選帝侯マックス・フランツ（1756～1801）は、ウィーン育ちでモーツァルト音楽の賛美者であったので、モーツァルト音楽の受容が推奨されていた。1785年（14歳）の時に作曲した「３つのピアノ四重奏曲」WoO36の楽曲構成は、モーツァルトの「６つのヴァイオリン・ソナタ」Op2の中の３曲、K379のト長調、K380の変ホ長調、K296のハ長調ソナタの楽章構成や形式を模倣して書かれている。この「６つのヴァイオリン・ソナタ」は1781年にウィーンのアルタリア社で出版されており、選帝侯マックス・フランツがボンに持ち込んだ楽譜のなかに含まれていたと考えて間違いないだろう。誤解してはならないことは、WoO36のモデルとして、モーツァルトの２つの「ピアノ四重奏曲」（ト短調K478と変ホ長調K493）は想定し得ないということだ。モーツァルトの２曲はベートーヴェン作品より後に作曲されているので、ここに影響関係は成り立たない。K478の作曲は1785年10月で、初版譜出版は同年12月である。K493は1786年６月で、可能性を考えるまでもない。ただ、楽譜出版前でも手書き写本の存在と流通を考慮する必要もある。1796年、恐らく６月にベルリンで書き上げた「ピアノと管楽のための五重奏曲」Op16が、全く同じ楽器編成、楽章構成、同じ調で書かれたモーツァルトの「五重奏曲」K452をモデルにしていることはほぼ確実である。しかし、K452は1784年３月の作曲であるが、初版楽譜の出版は1799年（アウグスブルクのゴンバルト社）であり、ベートーヴェンがこの作品を知ったのは、モーツァルト音楽の愛好者の多いプラハ滞在中（1796年２月中旬～４月中旬）に、写本による演奏を聴いたのではないかと考えられ、さらにはこの時「モーツァルトの五重奏曲のような作品」の作曲を依頼されたと考えてよいだろう。

ベートーヴェンに多大な影響を与えたモーツァルト。しかしどういうわけか、この音楽史上の巨星二人が絡むエピソードはあまり語られない

平野先生のOne more point Beethoven

1790年代の管楽器のための音楽

ベートーヴェンには管楽器作品が少ないように思われがちだが、1800年4月に作曲された「ホルン・ソナタ」Op17ほど広く知られてはいないが、K.リヒノウスキー侯爵邸での金曜コンサートのために作曲された管楽器作品は少なくない。ピアノを編成に加えたものでは「ピアノと管楽のための五重奏曲」Op16、「ピアノ（とクラリネットとチェロのための）三重奏曲第4番《街の歌》」Op11等、この回の対談（49〜54ページ）でも取り上げているが、管楽器だけの編成の作品は今日の演奏会でもほとんど聴く機会のない秘曲のようになっている。こうした作品は早くから書かれていて、ボンでの宮廷楽士時代には宮廷楽団の仲間たちのために、そしてウィーン進出後はリヒノウスキー侯爵邸に集うウィーンの様々な管楽器奏者のために書かれたものがある。ボン時代最後の1792年8月23日に同地の友人二人（J.M.デーゲンハルトとM.コッホ）のために「2本のフルートのための二重奏曲」ト長調WoO26を作曲している。ソナタ形式によるアレグロ楽章とトリオ部付きのメヌエット楽章から成る佳作だ。ベートーヴェンはこの年の11月初旬にウィーンに旅立つのだが、恐らくそれ以前に一旦完成させ、ボンの宮廷楽士たちによって演奏されていた「パルティア」と題された「管楽八重奏曲」変ホ長調Op103がある。オーボエ、クラリネット、ファゴット、そしてホルン各2管の編成はいわゆるハルモニームジークと呼ばれるものであるが、ベートーヴェンの室内楽で最大編成のこの作品は緩・急・メヌエット・急の4楽章構成から成る。現在の形は、1793年春にハイドン指導の下で改訂されたものと考えられている。生前出版されず1830年秋に出版され、空き番号の「103」が与えられた。なお、全く同じ編成の「ロンディーノ」変ホ長調WoO25は、恐らくこの八重奏曲の最初のフィナーレとして書かれたものである。

ウィーン時代初期に興味深い編成の2曲がある。4楽章編成による「2本のオーボエと1本のイングリッシュ・ホルンのための三重奏曲」ハ長調Op87（1795年？）と同編成の「モーツァルトのオペラ《ドン・ジョヴァンニ》から〈お手をどうぞ〉の主題による8つの変奏とコーダ」WoO28である。これも恐らく、最初はOp87のフィナーレとして構想されていたようだ。1796年2月中旬にプラハ〜ベルリンへ旅行に出かけるのだが、その前、新年早々にクラリネット、ファゴット、ホルン各２管による「六重奏曲」変ホ長調Op71の第3楽章メヌエットがスケッチされている。完成自筆譜は失われてしまったが、第3楽章のスケッチ以前に第1、2楽章がスケッチされていて、第4楽章を含む本格的な作曲はベルリンから戻った夏以降で、完成は1797年と推定されている。以上のようにウィーン初期の1790年代には様々な管楽器のための音楽表現が試みられており、同時期に書かれたピアノを編成に含む室内楽作品との様式的類似性を見ることもできるのである。

ホルンの名手ジョヴァンニ・プント。彼との出会いによって、ベートーヴェンは「ホルン・ソナタ」を作曲することに

意外にも、ここでようやくヴァイオリン・ソナタが登場する。大先輩であるサリエリに献呈された3つのソナタ「第1～3番」は、当然ベートーヴェンの強い自己主張と画期的な書法が散りばめられたものとなっている。

第7回

楽曲名	調	作品番号	作曲年	出版年	編成
ヴァイオリン・ソナタ第1番	ニ長調	Op12-1	1797/8?	1799	vn, p
ヴァイオリン・ソナタ第2番	イ長調	Op12-2	1797～8		
ヴァイオリン・ソナタ第3番	変ホ長調	Op12-3			

サリエリに献呈された実験性に満ちた二重奏

――ベートーヴェンはヴァイオリン・ソナタを全10曲書いたが、そのうちの「第1番」（1797～8年）から「第9番《クロイツェル》」（1803年）までの作曲期間は、わずか5年であった。この間にベートーヴェンは、ヴァイオリンとピアノという2つの楽器のデュオから、重厚な響きと緊密な対等性を構築するに至ったのである。「第5番《春》」以降が特に注目されることの多い現状だが、一方の初期作品たちの魅力とは――。

小山　Op12の3曲はアントニオ・サリエリ（1750～1825）に献呈されていますよね。当時のウィーンの宮廷楽長として大きな影響力をもっていたと思うのですが、彼とベートーヴェンの関係は深かったのでしょうか。

平野　ベートーヴェン研究でこの部分がまだ明確になっていないのです。確実なのは1800年から1801年くらいにサリエリに師事していたということ。1802年にイタリア語のシェーナとアリア《いいえ、心配しないで No, non turbarti》WoO92aそして、二重唱《お前の幸せな日々に Ne' giorni tuoi felici》WoO93などを書いていますので、これらがサリエリのもとでの学習成果だろうと考えられています。ですから1799年出版の3つのヴァイオリン・ソナタ「第1～3番」の献呈は宮廷楽長への敬意の表明だったと思います。

小山　サリエリはイタリア人ですが、少年時代からウィーン暮らしのためでしょうか、ウィーンの人というイメージが強いですね。でも作品はイタリア・オペラが中心です。器楽曲や交響曲はあまり書いていないのですね。そう思うとサリエリがベートーヴェンに教えていたのは恐らくオペラのようなもの、それもイタリア語の使い方などだったのではないでしょうか。

平野　そうですね。当時は交響曲とか、特にオペラのような舞台上演される作品を書いていなければ、作曲家としてのステイタスは低かったわけです。ですから、モーツァルトがそうであったように、イタリア語のオペラを書きたいという願望もあったはずです。そうしたことが、サリエリに師事しようとした大きな理由のひとつでしょう。以前は「1797～8年くらいにサリエリに師事していたからサリエリにソナタを献呈した」と考えられていたのですが、現在はそうではないという説が有力です。1792年11月にボンから出てきたベートーヴェンは5、6年以上ウィーンにいましたが、まだこの頃は「ピアニスト」ベートーヴェンで、作曲家としてはまだそこまで認められていなかったのです。

小山　そこでウィーンの宮廷のトップにいたサリエリに敬意を表する意味で献呈した、ということなのですね。

平野　そうだと私は考えています。自分はピアノ以外の楽器でもこんな作品が書ける、ということをアピールしたかったのだと思います。

小山　サリエリはモーツァルトを非常に高く評価していましたよね。このヴァイオリン・ソナタにはどこかモーツァルトのスタイルも感じるのですが、それはサリエリの好みを意識しながら作曲していたということでしょうか。

平野　確かにそう考えることもできますが、改めて作品を見直したら、とてもそれだけでは終わらないことがわかります。とんでもない作品ですよ（笑）。ベートーヴェンのロマ

ベートーヴェンが師事した、当時ウィーンの宮廷楽長として活躍していたアントニオ・サリエリ。映画『アマデウス』（1984年）でその知名度が飛躍的に上昇した作曲家だ

ン主義的な面が随所に表れています。

小山　確かに、「第1番」や「第2番」は音数自体少ないですが、「第1番」を見ると、主調がニ長調で、コデッタは♯が1つ増えて属調のイ長調と自然ですが、展開部では突然♭1つのヘ長調へと転調しますね。提示部が*ff*で終わったのに展開部は*p*から始まりますし、対比も明確です。驚きが散りばめられていますね。通常であれば展開部の最初は第1主題か第2主題が使用されることが多いのですが、第1楽章展開部【譜例①】ではコデッタの素材が発展させられていますものね。

平野　こういう展開の仕方は、当時としては「ありえない」ですよね。確かに響きの透明度は古典的なものがありますが……こうした主題展開や転調などの調的コントラストなどに、ベートーヴェンの強い自己主張を感じます。

ベートーヴェンのロマン主義的な面が
随所に表れ、ピアノ以外の楽器でも
こんな作品が書ける、ということを
アピールしたかったのでは
平野昭

様々な影響を与えた名ヴァイオリニストたち

小山　そういえば、「チェロ・ソナタ第1・2番」を書いたときはジャン＝ルイ・デュポールからの助言が重要であったというお話が出ましたが、ヴァイオリン・ソナタもやはりヴァイオリニストからの影響があるのでしょうか。

平野　はい。10歳頃からですが、ボン時代には同居人の宮廷楽士フランツ・ゲオルク・ロヴァンティーニ（1757〜81）にヴァイオリンとヴィオラを学びましたし、ウィーンに出てきてからはリヒノウスキー侯爵邸でイグナッツ・シュパンツィヒと交流がありまし

［譜例①］「ヴァイオリン・ソナタ第１番」第１楽章第98小節〜

た。リヒノウスキー侯爵邸では毎週金曜日に演奏会が行われていましたから、ヴァイオリンのための作品を書くときは常に助言をもらっていたようです。

小山　ヴァイオリン協奏曲でもフランツ・ヨーゼフ・クレメント（1780〜1842）が関わっていますしね。ベートーヴェンは優れたヴァイオリニストが周りにいる環境に絶えずいたのですね。

平野　そして、ベートーヴェンのヴァイオリン・ソナタ全10曲はフランス・ヴァイオリン楽派[*10]のヴァイオリニストの影響を受けているとされています。例えば「第9番《クロイツェル》」ですが、本来は初演者のジョージ・ブリッジタワー（1779〜1860）のために作曲されたのですが、献呈されたロドルフ・クロイツェル（1766〜1831）やピエール・ロード（1774〜1830）、ピエール・バイヨ（1771〜1842）らなどを思い出さなければなりません。彼らは1795年にできたばかりの、パリ音楽院ヴァイオリン科設立時の3人の教授で、音楽院で使うために『ヴァイオリン演奏の方法論』を一緒に著しています。

小山　この教則本は当時のヨーロッパでかなり影響力があったのですよね。ということは、やはりある程度定式化された音型がヴァイオリン・ソナタに使われていたりもするのでしょうか。

平野　「第3番」まではこれ、とは明確に示せないのですが、「第5番《春》」くらいになると、例えば第1楽章開始部など、クロイツェルの作品に似たものがあるなど具体的な例が出せるのですが……。ただ、影響があると思われる箇所はたくさんあります。

小山　この時期、ウィーンが音楽の中心というイメージになってしまうのですが、実は、モーツァルトもベートーヴェンもパリに強い憧れをもっていた……。モーツァルトなんて何度も訪れていますし、コンセール・スピリチュエル[*11]にも出演しているくらいですから。しかもベートーヴェンはルイジ・ケルビーニ（1760〜1842）の作品にも高い関心を寄せていましたよね。

平野　そうですね。フランスの様式の影響を強く受けながら、彼は独自の道を歩みだしていたのです。特にそれが顕著なのは「第3番」でしょう。

特に「第2番」にはお茶目さがあって、
色々な表情をつけられそうで素敵。
かなり実験的、異色な作品だと思います

小山実稚恵

斬新な転調、高度な技巧に初演当時は酷評！

――「第3番」については1799年6月5日付の『一般音楽新聞』[*12]に次のような酷評がされている。「ひたすら難解で、自然さや歌に欠けている（中略）風変わりな転調を追求し（中略）難解の上に難解を積み重ねているので耐えられないし、喜びも失せる」。

平野　酷評の中には「練習用としては大いに役立つ」と書かれていますし、とにかく技法の高度さ、複雑な転調に対して当時かなり否定的な意見が目立っていましたね。

小山　ただ、それだけピアノ・パートに非常に高度な技術が要求されているということなんです。《熱情》ソナタに出てくるような音型も見られますし、ヴァイオリンで弾くような走句もかなり使われています。「第1番」や「第2番」の中には、モーツァルト作品と似た要素を見出すことができるのですが、完全に「伴奏」を超えてヴァイオリニストと競っているような……。

平野　そうですね。あの批評がどの曲を指しているかは明らかでないのですが、特に「第3番」を指しているというのは明確でしょう。調の関係も第1楽章が変ホ長調なのに第2楽章がハ長調になっていますし、転調も頻繁で半音階もすごく多いですね。

――全3曲はそれぞれに特徴があるが、とりわけ「第2番」は演奏機会が少ない作品となっている。

小山　やはり「第3番」が目立ちますが、私はベートーヴェンにはなかなかないようなお茶目さがあって、色々な表情をつけられそうな「第2番」が、とても素敵だと思うのです。ヴァイオリンは最初から重音になっていてとても珍しい始まり方ですし【譜例②】、かなり実験的で異色な作品だと思います。

平野　冒頭のヴァイオリンのパートはピアノが一人で弾いてもよさそうな音型ですね。ヴァイオリンに新しい役割を与えようとしたのではないかと思わせます。18小節目からは入れ替わっていますし、高度なテクニックを必要としないと言われている作品ですが、音楽としてまとめるのはかなり難しいでしょう。ぜひ小山さんによる演奏で聴いてみたい曲です。

――Op12のヴァイオリン・ソナタは若きベートーヴェンが「作曲家」として認められたいと強く願い、その想いを形にすべく様々な技法を凝らした作品であることがわかった。古典的な響きの中に、巧みに高

[譜例②]「ヴァイオリン・ソナタ第2番」冒頭（バイオリン譜）

度なテクニックや複雑な転調を挿入することで独自の世界を切り開いていったのである。彼の大きな一歩を実感させる重要な作品群だと言えるだろう。

＊10
18世紀後半以降、イタリア人ヴァイオリニスト、ジョヴァンニ・バッティスタ・ヴィオッティ（１７５５〜１８２４）を中心とした、超絶技巧よりも気品と優美さを追求したパリのヴァイオリニストたち。

＊11
18世紀フランスの演奏会および音楽集団を指す名称。現代の「定期演奏会」に通じるものである。アンヌ・ダニカン・フィリドール（１６８１〜１７３１、弟には作曲家でチェス選手のフランソワ＝アンドレ・ダニカン・フィリドール（１７２６〜95）がいる）によって１７２５年に結成され、91年まで続けられた。パリのチュイルリー宮で催された演奏会「宗教音楽演奏会」と訳される。宗教的な作品をはじめ、世俗的な作品や様々な器楽曲も演奏された。

＊12
『Allgemeine Musikalische Zeitung』（独）。１７９８年にドイツ・ライプツィヒで創刊された音楽雑誌。50年にわたって刊行されたこの新聞は、当時としては圧倒的であった１０００部という出版部数を誇っていた（通常であれば４００〜５００部程度）。最大の特徴が新刊楽譜、特にピアノ曲の出版案内と主要な演奏会評であった。

平野先生の One more point Beethoven

室内楽作品に見る作曲様式の変遷

ベートーヴェンが生涯を通して取り組み続けたジャンルは、ピアノ曲と室内楽曲である。ピアノ・ソナタは1822年に書き終えるが、翌1823年４月には《ディアベッリの主題による33の変奏曲》Op120を仕上げ、最後のピアノ曲となる《６つのバガテル》Op126を1824年４月から６月の間に作曲している。この時期はまさに《第九》交響曲Op125の初演（５月７日、再演５月23日）があり、この直後には《セリオーソ》Op95（1810年作曲、14年に自筆スコア完成）以来10年ぶりとなる「弦楽四重奏曲第12番」変ホ長調Op127のスケッチ（自筆で1824年５月着手）作業に入り、これを1825年２月までに完成させている。この「第12番」完成前の1825年初頭には、次の「弦楽四重奏曲第15番」イ短調Op132の作曲に着手し、さらに「第13番」変ロ長調Op130にも同年３月に着手している。こうしたことから、M.ソロモンのような研究者は《６つのバガテル》Op126は「後期弦楽四重奏曲群のためのスケッチ」とまで呼んでいる。もちろん、本来の意味での「スケッチ」ではなく、Op126には後期様式のエッセンスが織り込まれているという意味である。

さて、目を初期作品に向けよう。前回このコーナーで管楽器のための音楽について概観したが、ベートーヴェンの室内楽ジャンルには編年的な変化が見られる。ハルモニーのような合奏を含めて、管楽器のための室内楽作品は1801年までに集中しているのだ。言い換えれば、18世紀的伝統様式であるディヴェルティメントやセレナード的な作品がほとんどである。もちろんピアニストとして活躍していた1790年代のウィーン音楽界からの要望や期待に応えるように、管楽器を含むアンサンブル作品が書かれたのだが、その期待にはベートーヴェンの技巧的で斬新なピアノ表現もあった。そうしたことから二重奏ソナタやピアノ三重奏曲では初期作品からピアノが主導するような表現がひとつの個性のように、賛否ともども認められるようになっていた。

室内楽作品で最も重視される弦楽四重奏曲への挑戦には慎重で、28歳を迎える直前の1798年晩夏になって初めて着手され、1800年晩夏までの２年間で「６つの弦楽四重奏曲」Op18（成立順は第３、１、２、５、４、６番）を書き上げ、同時期に初めての「交響曲第１番」も書き上げたのである。ここにも、ハイドンやモーツァルトの活躍した18世紀様式からの飛躍的離脱が認められる。こうした弦楽四重奏曲作曲への道に向かう入口に位置しているのが、1797年から翌98年にかけて作曲された「３つのヴァイオリン・ソナタ」Op12である。ただ、ベートーヴェンにとってピアノと弦楽器のための二重奏分野では、十分すぎるほどの経験と実作品のあることを思い出す必要がある。「２つのチェロ・ソナタ」Op5の他に、「チェロとピアノのための変奏曲」WoO45と同Op66、「ヴァイオリンとピアノのための変奏曲」WoO40、「ロンド」WoO41、「６つのドイツ舞曲」WoO42等々である。

ベートーヴェンの盟友として数々の弦楽四重奏曲を初演した他、ヴァイオリン演奏のヒントを与えたという名ヴァイオリニスト、イグナツ・シュパンツィヒ

最も有名なピアノ曲のひとつである《悲愴》に込められた様々な作曲技法、そして「ピアノ・ソナタ」の枠を超えた表現が次々と見出せる「第9番」と「第10番」を扱う。

第8回

楽曲名	調	作品番号	作曲年	出版年	編成
ピアノ・ソナタ第8番《悲愴》	ハ短調	Op13	1797〜8	1799	p
ピアノ・ソナタ第9番	ホ長調	Op14-1	1798		
ピアノ・ソナタ第10番	ト長調	Op14-2	1799?		

代表作であり人気曲 楽聖らしさの詰まった《悲愴》

——今回は、ベートーヴェンの代表作とも言える「ピアノ・ソナタ第8番《悲愴》」を中心に、彼のピアニズムや表現の多様性が凝縮した3つのピアノ・ソナタを検討する。強いドラマ性やそれまでの7曲には見られなかった書法が見られることから「新時代を告げる」作品である《悲愴》だが、実際には少年期のスタイルが洗練された形となったものである。

平野　従来《悲愴》の成立年代を1798年から99年とする見解がありましたが、現在では少し早く、97年から98年にかけての作品と考えられています。ですから、Op12のヴァイオリン・ソナタ3曲とほぼ同じ時期（1797〜98）ということになります。

小山　チェロ・ソナタの時にも話題になりましたが、Op10の3曲のピアノ・ソナタともほぼ一緒の時期（1796〜98）なのですよね。「第7番」Op10-3までを〝初期〟、《悲愴》以降を〝中期〟としている解説もありますが、実際に《悲愴》は〝初期〟の作品ということで考えてみる方がよいのでしょうか。

平野　そうですね。序奏付きのソナタということで、「これまでの7曲とは大きく違う」という見方をされがちですが、この形式はベートーヴェンが12歳で書いた《選帝侯ソナタ》WoO 47の「第2番」で、すでに見られるものです。もちろんハイドンやモーツァルトにはこういう例は見られませんが、モーツァルトが高く評価していたウィーン生まれのアントン・エーベルル（1765〜1807）の1794年出版の《ハ短調ソナタ》Op1にはアダージョの導入部をもつ作品もありましたし、ベートーヴェンの中では決して新しいものではありません。

小山　1796年に書かれた「チェロ・ソナタ第1番」Op5−1もアダージョ・ソステヌートからアレグロへと移行していますね。

平野　アダージョからアレグロに移り、またアダージョが戻ってくるという、バロック時代の教会ソナタの「緩―急―緩―急」というコントラストを意識していたのでしょう。

小山　ネーフェを通して得たC・P・E・バッハの影響が、ベートーヴェンらしさと見事に結びついた作品だと言えますね。

> 《悲愴》はベートーヴェンらしい、バロック時代の教会ソナタの「緩―急―緩―急」というコントラストを意識しています
>
> 平野昭

ピアニスティックな魅力と楽曲の「重奏」的特徴

――このソナタを個性的にしているのは《悲愴》というタイトルも大きな要因だろう。自筆譜が存在しないため、ベートーヴェン自身が考えたかどうかは不明だが、初版の段階で与えられているため、承認していたことは確かである。

平野　初版譜には、「大ソナタ　悲愴　Grande Sonate pathétique」と書かれていますね。当時ピアノ・ソナタにタイトルをつけることはありませんでしたから、初めてのタイトル付きソナタと言えるかもしれません。

小山　この作品からはベートーヴェンの「強さ」が感じられますが、《悲愴》というタイトルが作品の印象と少し違うような感じがします。「悲愴」という言葉の響きからは、例えばエキセントリックな嘆きのあるチャイコフスキーの《悲愴交響曲》などのように、強い悲劇性のようなものを感じてしまうのは私だけでしょうか。

平野　18世紀当時の調性格論に鑑みると、「悲愴」という言葉は、悲劇的なもの、というよりも情熱に近いのかもしれません。悲愴感に打ちひしがれながらも強く生き抜いていく、というような……。

小山　ああ、なるほど。確かに、強さ＋切なさもあって、青

年期特有の葛藤のようなものが浮んでくるのですね。

——テクニック面を見ると、いわゆる「三大ソナタ」《悲愴》、《月光》、《熱情》の中では最もやさしいのだが、聴いただけではそうとは思わせない効果的な書法である。

小山　大変ピアニスティックに書かれていて、聴いた印象よりも弾いてみると手に優しいというか、ピアノ・テクニックが機能的かつ効果的に使われているように感じます。さらに、その中にコラール風だったり、対位法的に書かれた部分があったり、様々な要素が見受けられますよね。第3楽章は二重奏のように書かれているように思えます。もともとこの楽章はピアノ・トリオとして計画されていたのでしたよね。

平野　はい。恐らく「ヴァイオリン・ソナタ第3番」Op12-3の第4楽章として考えていたと思われます。また、「弦楽三重奏曲」Op9のスケッチの中にも同じ音型が書かれています。

小山　本当に対話のように進んでいく楽章ですよね。そしてテーマの「ソ—ド—レ—ミ♭」の音型【譜例①】は第1楽章のモティーフ【譜例②】とも関連があります。こうして見ると全楽章がかなり有機的に関連しあっているのですね。

[譜例①]「ピアノ・ソナタ第8番《悲愴》」第3楽章冒頭

[譜例②]「ピアノ・ソナタ第8番《悲愴》」第1楽章第51小節～

弦楽四重奏にも編曲された
ユニークな発想溢れる「第9番」

——強いドラマ性、ベートーヴェンの個性がより花開き始めた《悲愴》のすぐ後に書かれた「ピアノ・ソナタ第9番」Op14-1は全く違うスタイルによる作品となっている。

小山　「第9番」はヘ長調の「弦楽四重奏曲Ｈｅｓｓ34」に編曲されていますが、ピアノ・ソナタの段階で、すでに四声体が意識して書かれていますね。

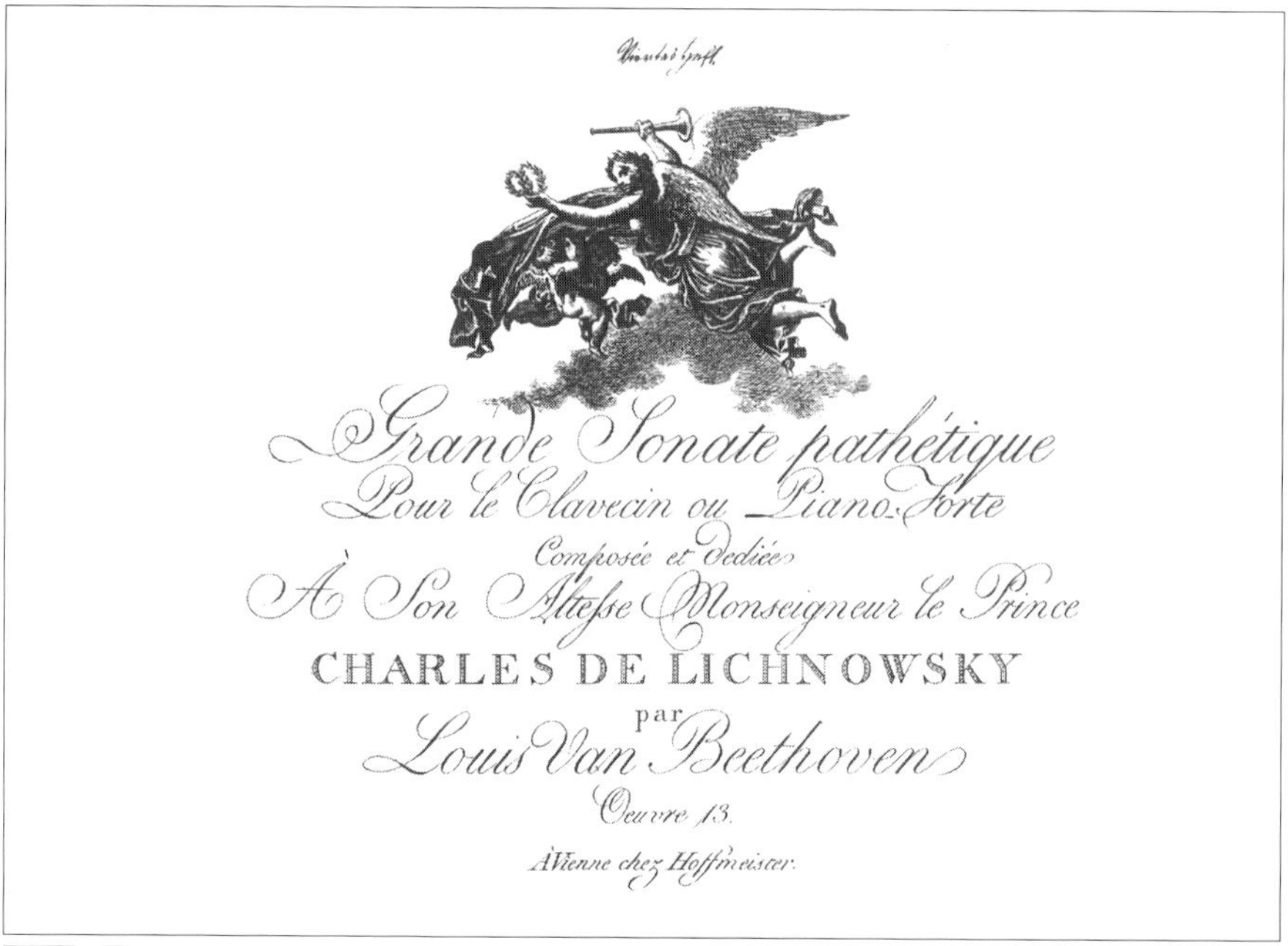

初版（エーダー版）に近い時期に出版された《悲愴》の譜面（ホフマイスター版）の表紙（上)。《大ソナタ　悲愴 Grande Sonate pathétique》、また「チェンバロまたはピアノフォルテのための Pour le Clavecin ou Piano-Forte」の記載がある Op14 の２作品の初版譜（モロ版）の表紙。「ピアノフォルテのための pour le Piano-Forte」と表記が変化している

平野　本来なら、原曲のピアノ・ソナタと同じホ長調で編曲した方が弦楽器の響きには良かったかもしれませんが、半音上げることで、チェロが重要な属音低音を弾けるようにしたためです。かなり弦楽器の響きを強くイメージしたのでしょう。第5、6小節ではヴァイオリン、ヴィオラ、チェロが順番に掛け合うような音型になっていますが、実際、弦楽四重奏に編曲された際でもそのように書かれています。

小山　以前から気になっていることがあります。《悲愴》まででは「チェンバロまたはピアノフォルテのためのPour le Clavecin ou Piano-Forte」という記述がありましたが、「第9番」からは「ピアノフォルテのためのPour le Piano-Forte」となりますよね。

平野　《悲愴》くらいまでは、鍵盤楽器といえばまだまだチェンバロが主流でした。「第9番」の頃はそろそろ19世紀になろうという時期で、チェンバロよりもピアノフォルテが広く普及してきました。出版社としては、2つの楽器で演奏可能とした方が売りやすかったでしょうが、ちょうど楽器が入れ替わる時期に差し掛かっていて、少しずつチェンバロ（あるいはクラヴサン）という表記が消えてゆく時代でした。

小山　そうなのですね。楽器の進化は音楽にも表れていますよね。例えば《悲愴》は厚い和音やトレモロなどの音型で響きを保つことができますが、「第9番」の旋律はチェンバロで弾いたらすぐに消えてしまうものですよね。やはりピアノならでは、という印象があります。

平野　随所にチェロを思わせる低音部の活躍があるのも特徴的ですね。そして面白いのがホ短調の第2楽章です。これはアレグレットで書かれていますが、メヌエットとしてもいい楽章だと思います。8小節構造で書かれていて、中間部のmaggiore（マッジョーレ=長調）のところは、実質的にはハ長調のトリオのようになっています。

小山　終楽章のロンドは再びホ長調ですね。この楽章、かなり第1楽章と関連があるように思います。オクターヴの主題は、完全に第1楽章の主題から派生したものですよね。これまでにない楽章全体の統一感があります。

平野　さらに面白いことがあるのです。当時、編曲はたいてい出版社お抱えの編曲者（作曲家）が行っていたのですが、ベートーヴェンはあえて自分でこれを行っています。「自作品の編曲はモーツァルトのような天才にだけ許されるもので、作曲者自身が行わなければ理想的なものにならない」という趣旨の発言をしているのですが、このロンドの伴奏音型の三連符などを見ると【譜例③（9番ピアノ譜）】【譜例④（Ｈｅｓｓ34）】、なるほどと思いますね。ソナタの音型をそのまま機械的に1つの弦楽器の三連符として弾かせるのではなく、うまく音を各楽器に振り分けることで、弾きやすく、かつ三連符に聴こえるアレンジになっています。

もはやオーケストラ的!?
意表を突くユーモアの「第10番」

小山　続く「第10番」Op14-2も複数の楽器の対話のように書かれていますね。

平野　はい。特に展開部の3連音符伴奏が続くところでは左右のリズムが「2：3」になって、パートの独立性がとても強められています。

小山　第2楽章はオーケストラ的ですね。ソナタの中での初の変奏曲でもあります。息を深く長く保ちながら弾くのが難しいですね。そして*sfz*（スフォルツァンド）による弱拍へのアクセントが多いのも、とても特徴的です。

平野　第3楽章はスケルツォですが、スケルツォの形式では分析できません。そもそも終楽章にスケルツォということは考えられません。どちらかといえばロンドですね。ここで指示されたScherzoは、あくまでも音楽表情とか性格的な意味合いが強いでしょう。

小山　聴いている人が拍子を捉えづらいですよね。不思議な浮遊感があって……本当の意味で「気まぐれ」ですね。

平野　休止符の使い方ひとつとってもそうですね。ゲネラルパウゼ（小節全体休止）が3回出てきたり、唐突に違う音型が出てきたり……。

[譜例③]「ピアノ・ソナタ第9番」第4楽章ロンド冒頭

[譜例④]「弦楽四重奏曲Hess34」（「ピアノ・ソナタ第9番」からの編曲）冒頭

小山　消えるような終わり方も本当に面白いです。それにしても、Op14の2曲は今まで以上にピアノの表現を超えたものが多いですね。

平野　そうですね。「第9番」を後で弦楽四重奏曲に編曲した、ということだけでなく、この1年後には初めての弦楽四重奏曲（Op18の6作品）や「交響曲第1番」（Op21）も書き始めていますので、ピアノ以外の楽器の要素が強く表れていますね、実験的というか大胆な新しい試みですね。

小山　やはりピアノ・ソナタはベートーヴェンにとって〝色々なことを試すことができるジャンル〟だったということになりますね。

Op14の2曲は今まで以上にピアノの表現を超えたものが多く、ソナタは色々なことを試したジャンルだったと再確認できます

小山実稚恵

――今回の3曲のピアノ・ソナタは、作曲家としてより力強く踏み出したベートーヴェンの足取りが窺えるものであった。演奏機会は多い方ではあるが、改めて本質的な重要性について考えていく必要があるだろう。

平野先生のOne more point Beethoven

「愛称」の功罪

ピアノ曲に限ったことではないが、「愛称」を曲名と思い込んでしまうと、誤った作品イメージを描いてしまうかもしれない。場合によっては、演奏解釈にまで影響を与えてしまうだろう。最近は少なくなったが、LPレコード全盛期にはどのレコード会社も「ベートーヴェンの三大ピアノ・ソナタ《悲愴》《月光》《熱情》」と銘打った商品で競い合っていた。大巨匠の再発盤から若手俊英のデビュー盤まで、好んで「三大ソナタ」がカップリングされていた。時にこの「三大ソナタ」は《テンペスト》や《ワルトシュタイン》と入れ替わることもあったが、《ハンマークラヴィーア》がここに加わることはなかった。理由は単純。長大過ぎて3曲のカップリングにならなかったからだ。この他にもベートーヴェンのピアノ・ソナタにはOp14-2を《夫婦喧嘩》または《男女の対話》、Op26を《葬送》、Op28を《田園》、Op78を《テレーゼ》、Op79を《かっこう》、Op81aを《告別》といった愛称をもつ作品もある。また、私は不覚にも最近まで知らなかった（見過ごしていた）のだが、Op31-3を《狩》という愛称で呼ぶことがあるということだが、なぜだろう。

さて、以上列挙した13曲の愛称でベートーヴェンがつけたものは、Op13の《悲愴》＝Grande Sonate pathétique の1曲だけである。ベートーヴェンの表記由来ということならば、Op81aの《告別》も3つの楽章それぞれにつけられた標題―告別・不在・再会＝Lebewohl, Abwesenheit, Wiedersehen の短縮形として、作品成立背景と音楽内容に関わる重要な曲名と言ってよい。Op53の《ワルトシュタイン》とOp78の《テレーゼ》は作品を献呈した人の名前であって、音楽内容とは全く関係がない（他の人に献呈する可能性さえあっただろう）。Op27-2《月光》の愛称は、功罪の観点から言えば最大の「罪」だ。第1楽章の印象を「スイスのルツェルン湖を照らす月光のもとで浪間に揺らぐ小舟のようだ」と詩人ルートヴィヒ・レルシュタープ（1799～1860）が語ったのは、ベートーヴェン死後5年を経た1832年のことであり、この作品《幻想曲風ソナタ》嬰ハ短調が作曲された1801年、レルシュタープは2歳だ。もうひとつ、《熱情》の由来もベートーヴェン死後10年以上を経た1838年にハンブルクの音楽出版社クランツから出版された、「4手連弾版によるベートーヴェンのヘ短調ソナタ」の表紙に印刷されたSonata appassionata が初出で、以後オリジナルのOp57も《アパッショナータ（＝熱情）》と呼ばれるようになった。《テンペスト（嵐）》は同名のシェイクスピアの戯曲に由来するという、伝記作家アントン・シンドラー（1795～1864）だけが伝える信憑性のない愛称だ。《葬送》はその第3楽章標題の「葬送行進曲」に由来する。《夫婦喧嘩》や《かっこう》は作品の音楽の一部の特徴を捉えた愛称だが、《狩》は恐らく第4楽章の6／8拍子のプレストの中に、馬に乗って森を駆け巡る狩の情景を連想したものだろうが、先行する3つの楽章を全く無視したもので曲のイメージをミスリードするものだ。

ベートーヴェンの伝記作家として名高いアントン・シンドラー。しかし、彼が伝えた《テンペスト》の愛称については、実はあまり信憑性がない

Column

ベートーヴェン ウィーン時代の住まい MAP

１７９２年、21歳でボンからウィーンに居を移し、ハイドンのもとで作曲を学び始めてから亡くなるまでの約35年間で30回以上もの引っ越しを繰り返したベートーヴェン。彼が住んだとされる主な住まい（住所は次ページ参照）を、その当時の区画に近いウィーン中心地地図（１８５８年出版）をもとに年代順に示してみた。半径２～３㎞程度の狭い範囲で住まいを変えていたことがわかる。

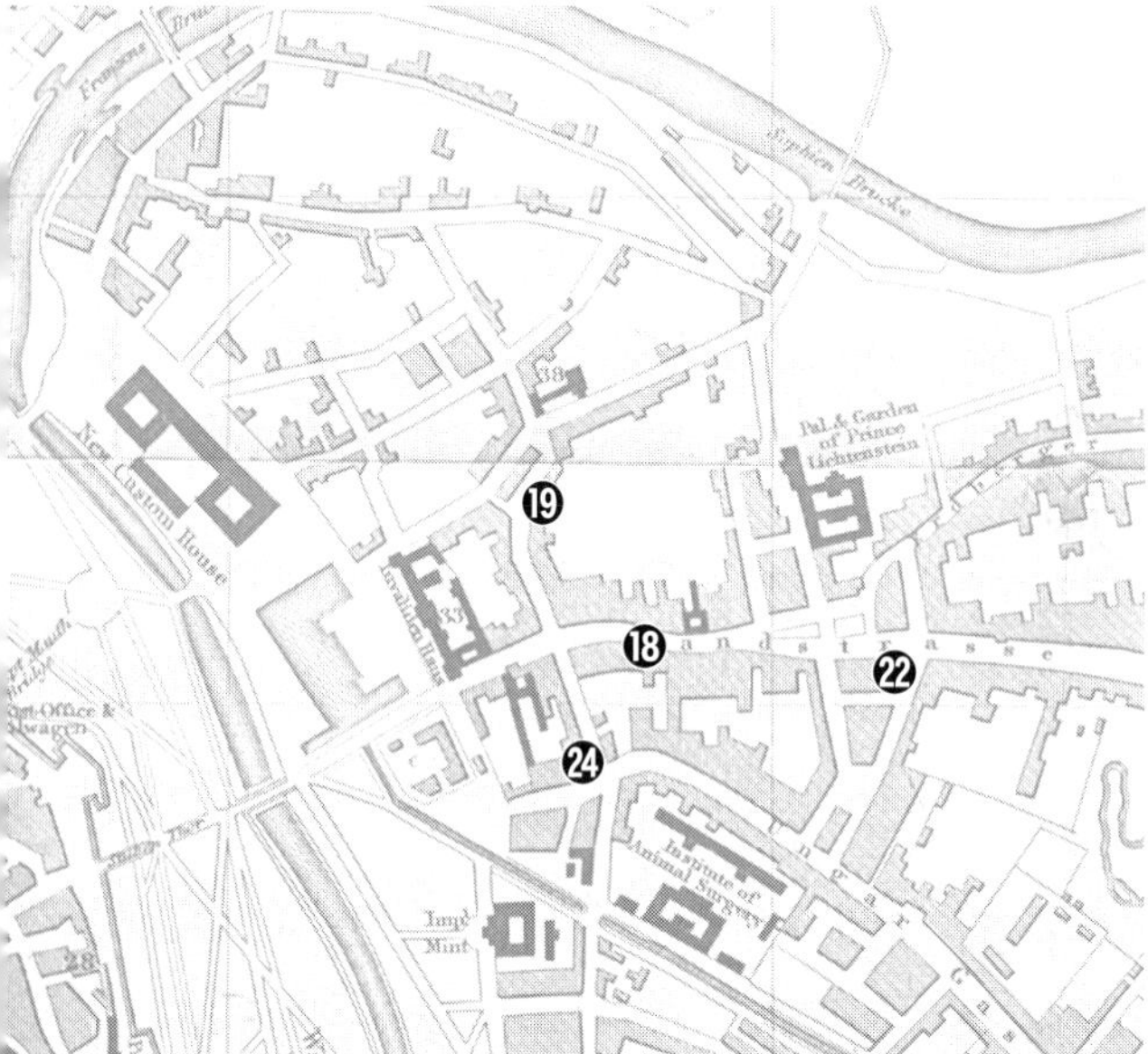

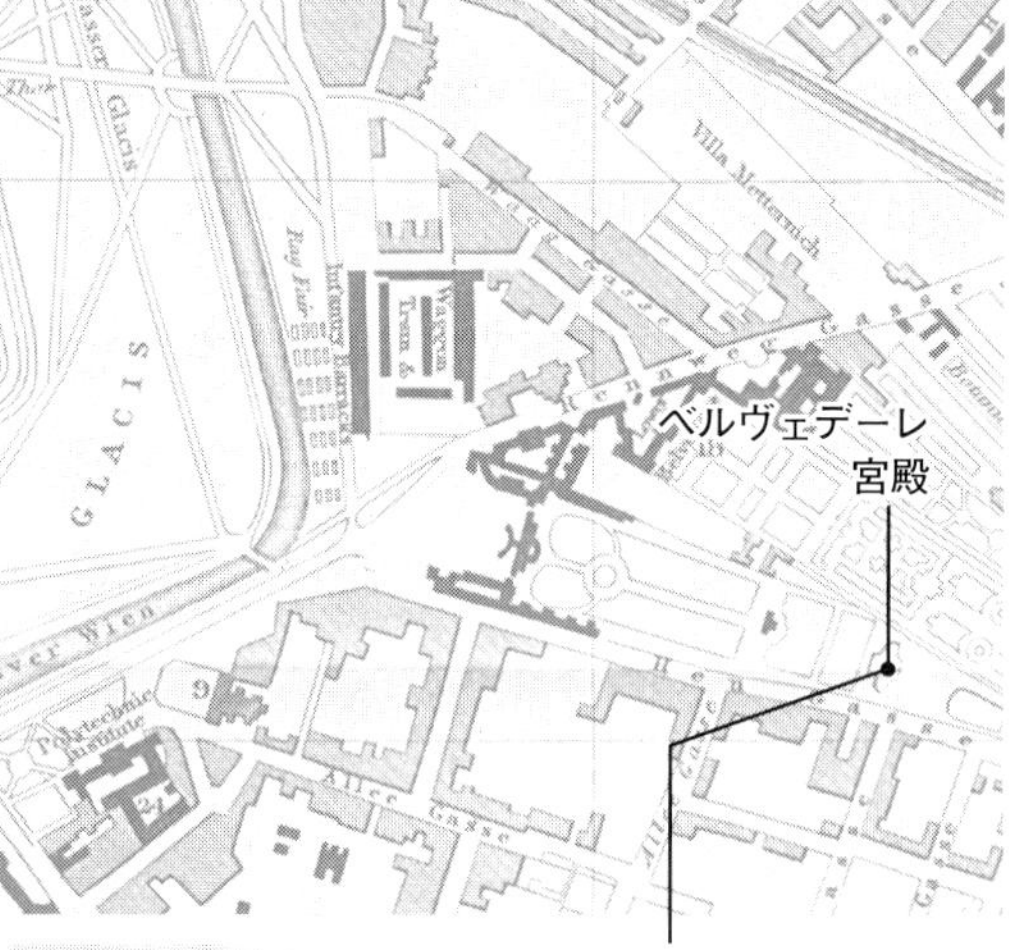
ベルヴェデール宮殿から眺めたウィーン中心地（1759-61）

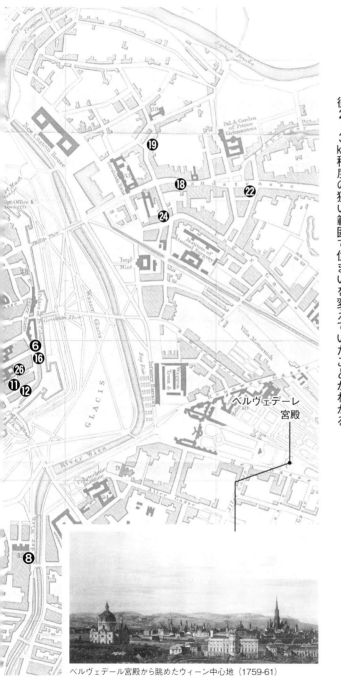

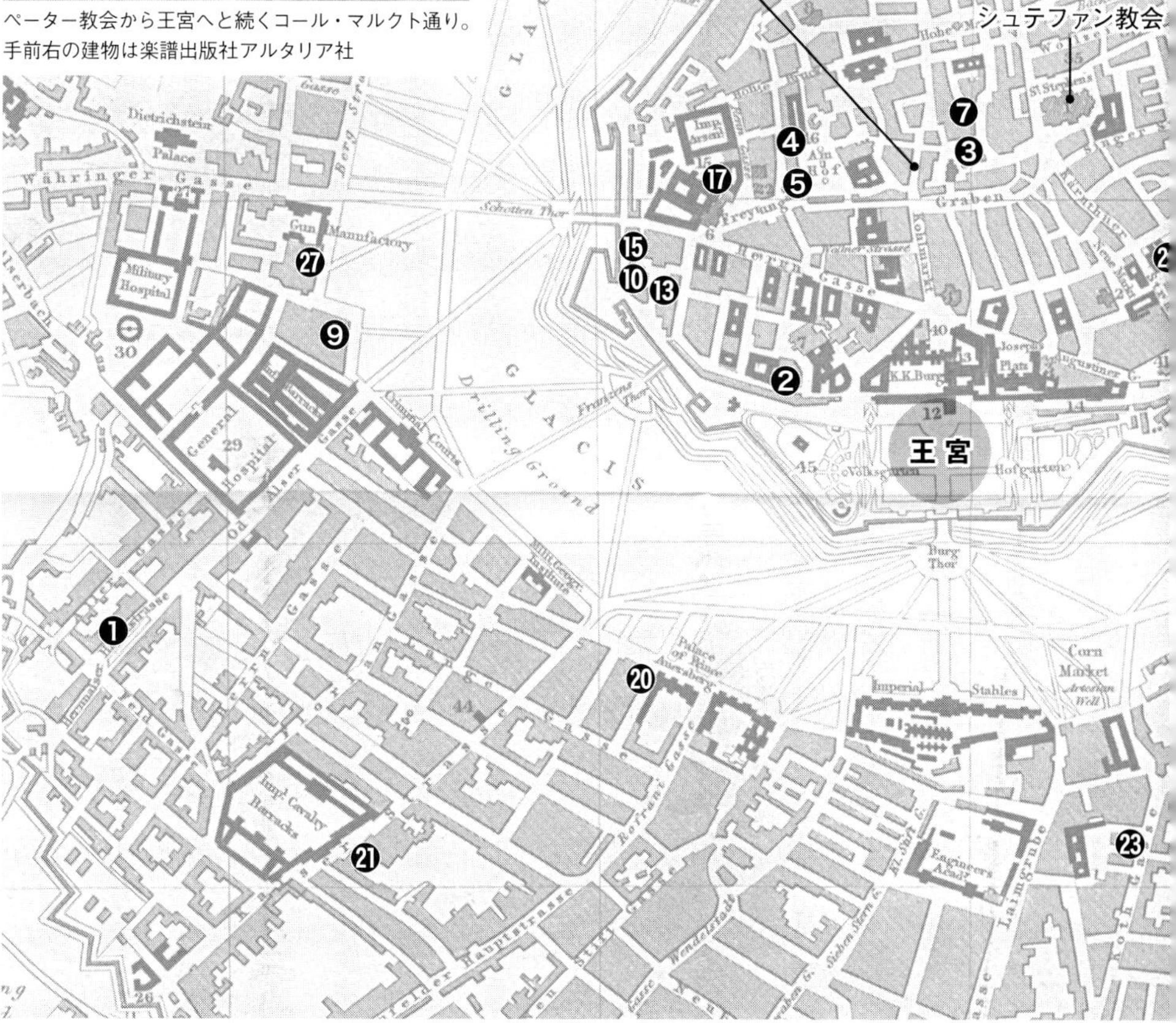

《クロイツェル》が初演されたアウガルテンのコンサートホール

ペーター教会から王宮へと続くコール・マルクト通り。手前右の建物は楽譜出版社アルタリア社

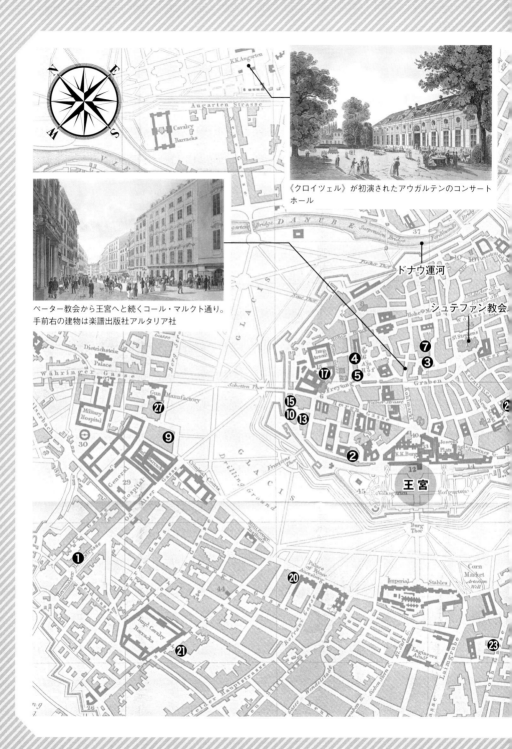

ベートーヴェンが住んだとされる住まいの主な住所。
マップアプリを利用して現住所で検索したり、Google ストリートビューで付近の様子を見てみるのも面白い。（カッコ内＝現住所。？＝不明・未確定）

前ページ地図が出版された頃に環状道路・リングシュトラーゼ建設が始まったため現代の区画とは異なるが、下の現住所に続けてスペースやカンマのあとに「Wien」や「Vienna」と入れて検索すると、現在のおおよその位置が確認できる

❶ 1792.11～95.5：アルザーグルントアルスター小路45番地
Alstergasse 45, Alsergrund（現Alserstrasse 30）

❷ 1795. 5?～?：「オギルヴィ館」
Ogylisches Haus, Kreuzgasse 35
（現Löwelstrasse 6）

❸ 1799.?～?：アム・ペータース
St.Petersplatz 650（現 Petersplatz 11）

❹ 1800春～秋：「グライナー館」
Greinersches Haus, Tiefer Graben 241
（現 no.8-10）

❺ 1800秋～01初夏：「小ワイン葡萄館」
Zur kleinen Weintraube, Tiefer Graben（現 no.2）

❻ 1801初夏～02秋：バスタイ上の住居
Auf der Bastey〈Hambergsches Haus, Wasserkuntsbastei 1275（現Seilerstätte 21）〉?

❼ 1802秋～03早春：「銀鳥館」
Zum silbern Vogel, Am Petersplatz 649
（現 no.11）

❽ 1803早春～04.5：「アン・デア・ウィーン劇場」
Theater an der Wien, An der Wien, Laimgrube 26（現Linke Wienzeile 6）

❾ 1804.5～04.6：「赤い館」
Rothes Haus, Alserglacis 173, Alsergrund
（現 Garnisongasse 1-11?）

❿ 1804秋～08秋：「パスクアラーティ館」
Pasqualati-Haus, Mölkerbastei 1239（現 no.8）
＊現「ベートーヴェン記念館」

⓫ 1808秋～09春：エルデーディ伯爵夫人邸
Krugerstrasse 1074（現 no.10）

⓬ 1809春：ヴァルフィッシュ小路
Walfischgasse 1087
（現 no.11 / Akademiestrasse）

⓭ 1809.8～10.4：「クレッパーシュタル」
Klepperstall 82, Teinfaltstrasse
（現 Schreyvogelgasse 1）

⓮ 1810.4～14.2：❿と同じ

⓯ 1814.2～15.?：「バルテンシュタイン館」（小パスクアラーティ館）
Bartensteinisches Haus, Mölkerbastei 94（現 no.10）

⓰ 1815.?～17.4：「ランベルティ館」
Lamberti Haus, Auf der Seilerstadt 1055/6
（現 Seilerstätte 21）

⓱ 1816～17初：「ローマ皇帝館」（⓰と併用）
Zum römischen Kaiser, Renngasse 145
（現 no.1）

⓲ 1817.4～17.9：「緑の冠館」
Haus zum grünen Kranz, Landstrasse 268
（現Landstrasser Haupstrasse 26）

⓳ 1817.10～19.10：「緑の木館」
Haus zum grünen Baum, Gärtnergasse 26, Landstrasse（Gärtnergasse 5）

⓴ 1819.10～20.4「金色の梨館」
Zur goldenen Birne（Fingerlinsches Haus）, Schwibbogengasse 6, Josefstadt Glacis
（現Auerspergstrasse 3）

㉑ 1820.10~21春：アルト＝レルヒェンフェルト
Alt-Lerchenfeld 8（現 Josefstädterstrasse 57）

㉒ 1821春～22.5?：ラントシュトラーセ大通り224番地
Landstrasse, Landstrasser Hauptstrasse 244
（現No.60）

㉓ 1822秋～23夏：オーベレ・プファル小路
Obere Pfarrgasse（現Laimgrubengasse 22）

㉔ 1823.10～24.5：「美しき女奴隷館」
Zur schönen Sklavin, Landstrasse 323
（現 Beatrixgasse 8）

㉕ 1824.秋～25.5：ヨハネス小路969番地
Johannesgasse 969（現 no.1）

㉖ 1825春～初夏：クルーガー通り1009番地？
Krugerstrasse 1009（現No.13）?

㉗ 1825.10～26.9 ／ 26.12 ～ 27.3「シュヴァルツシュパニエール館」
Schwarzspanierhaus, Alsergrund 200
（現 Schwarzspanierstrasse 15）

アン・デア・ウィーン劇場。1803年頃、オペラ作曲の依頼を受けたベートーヴェンは、それと引き換えにこの劇場3階の住まいを無料で提供された。ここで交響曲第2、3番やピアノ協奏曲第3番、《フィデリオ》第1稿などが初演されている

ハイリゲンシュタットの教会。ベートーヴェンが「70回以上も引っ越した」と言われることがあるのは、夏ごとに、避暑や湯治のために訪れていたウィーン郊外のハイリゲンシュタットやバーデンでの滞在地も「引っ越し先」として数えられる場合があるからだ

今回は、ベートーヴェンの存命時には日の目を見ることのなかった「第０番」のピアノ協奏曲、「第２番」の第３楽章として想定されつつも差し替えられ、独立した曲となった「ピアノと管弦楽のためのロンド」を検証する。

第9回

楽曲名	調	作品番号	作曲年	出版年	編成
ピアノ協奏曲(第０番)	変ホ長調	WoO4	1784	1890	独奏p, fl 2, hrn 2, 弦5部
ピアノと管弦楽のためのロンド	変ロ長調	WoO6	1793	1829	独奏p, fl 1, ob 2, fg 2, hrn 2, 弦5部

ピアノ・パートしか現存せず魅力溢れる「第０番」

――ベートーヴェンはピアノ協奏曲を５つ残したが、ウィーンに移ってから満を持して発表された２つの協奏曲である「第１番」Op15と「第２番」Op19は、完成までにかなりの改訂を施され、ようやく出版された作品であった。さらに、これらの前には通称「第０番」のピアノ協奏曲WoO４があり、「第２番」第３楽章は、第１稿の段階では、現在「ピアノと管弦楽のためのロンド」として独立しているWoO６が想定されていた。今回はボン時代に書かれたこの２つの作品を中心に扱い、ウィーンで完成するピアノ協奏曲への導入としたい。

平野　一般的にベートーヴェンのピアノ協奏曲は、「第１番」から１８０９年に完成させた「第５番《皇帝》」までの５曲と言われていますが、少年時代に変ホ長調の協奏曲（WoO４）を書いており、さらにあの傑作「ヴァイオリン協奏曲」Op61を自分でピアノ協奏曲に編曲したものもあります。また、「第５番《皇帝》」を書いてから６年を経た１８１５年に新作の協奏曲に取り掛かり、かなりの分量のスケッチがあるのですが、途中でやめてしまうのです。

小山　少なくとも、完成した形では７曲のコンチェルトが存在するということになりますよね。WoO４は残念ながら、私はまだ弾いたことがないのですが、出版もされ録音もあります。いつか弾いてみたいと思っていたら２０２０年秋に演奏できることになりました。あまり注目度が高くないのが不思議ですね。とても素敵な作品なので楽しみです。

平野　WoO４には驚くべきものがたくさん詰まっているんですよ。この曲はピアノ・パートしか残っていないのですが、20世紀になってから音楽学者のヴィリー・ヘス（１９０６〜97）が管弦楽部分を加筆して出版しました。これは現存するピアノ・パートの自筆譜の中に書き込まれた、ベートーヴェン自身による楽器の指定や、序奏部や間奏部の一部をもとにオーケストレーションされたものです。ピアノ譜ですが、第1楽章冒頭の46小節はオーケストラによる主題提示部です。そこにはフルート、ホルン、ヴァイオリン（弦楽器）といった指示が15カ所も記されています。ちなみに、これはあくまでも私の想像なのですが……、ベートーヴェンはこの作品をボンで完成させた段階で、ボンの宮廷楽士のメンバーと演奏しているはずです。そしてベートーヴェンは自分のパートだけ持ってウィーンに行き、パート譜は団員が持ったままでそのまま散逸してしまったのではないかと……。残念ながら確証はありません。

「ピアノ協奏曲第０番」のオーケストレーションを「復元」したヴィリー・ヘス。ベートーヴェン研究の権威として知られた作曲家であった

「第０番」の魅力は、ウィーンと北ドイツ、両方の文化に精通したベートーヴェンの個性から生み出されたと思います
小山実稚恵

少年時代から発揮されているベートーヴェンの独自性

小山　これは１７８４年の作品。ということは、ベートーヴェンはこれをわずか13歳のときに作曲してしまったのですね。この直前には《ドレスラー変奏曲》WoO63や《選帝侯ソナタ》WoO47を書いています。短期間にこれだけのものを書いてしまうなんて、本当に信じがたい能力です。そういえば、このWoO４の冒頭【譜例①】は《選帝侯ソナタ》の「第1番」冒頭【譜例②】と似ていますよね。同じ4度上行で調性も一緒、作曲に一様な繋がりのようなものを感じます。

平野　やはり近い時期の作品ですから、同じDNAのようなものが流れているのでしょう。どちらも冒頭のスタイルはモ

[譜例①]「ピアノ協奏曲0番」(1784年)

[譜例②]「3つの《選帝侯ソナタ》第1番」(1782年)

ーツァルト的ですよね。この曲はボン時代に書かれているので、楽器は恐らくチェンバロを想定しています。ただ、現存する自筆譜には強弱が細かく書いてあるので、ワルトシュタイン伯爵からシュタイン製ピアノを贈られてから追加したのではないかと思います。

小山　装飾音符などはかなりロココ的ですが、実は結構ポリフォニック的に書かれている。両手が独立した動きで、多声的で……。あと私が印象的だと感じるのは、3度の音型が多いこと。現代のピアノで弾くのはかなり難しいと思われるテクニックが満載です。チェンバロや、現在よりも軽い鍵盤のピアノだったからこそ弾ける重音の連続や、速いパッセージ内での装飾がたくさん使われています。それから第2楽章ですが、このラルゲットも13歳の子供の作品とは信じがたい美しさです。実はその発展の仕方が変奏曲風になっているので、技巧的にもかなり難しい。

平野　この作品の性格の背景には、ボンの音楽趣味が反映されていますね。ちょうど1784年は、選帝侯がマックス・フランツに変わったとき。彼はウィーンでモーツァルトに熱狂しており、ボンにたくさんのウィーンの音楽をもたらした人です。ボンの音楽文化を、ウィーンを見本として発展させたかったのでしょう。ところが、ベートーヴェンはネーフェから北ドイツの音楽、C・P・E・バッハを学んでいた……。

小山　テクニックや書法はウィーン、感性は北ドイツからの影響が大きいということですね。両方の文化に精通しているからこそ、こういったベートーヴェンの個性が生み出されたのですね。

「第2番」と同じDNAをもつモーツァルト的「ロンド」

小山　1785年、その「第0番」の協奏曲に続いて書かれたのが、「第2番」として出版されたOp19ですね。当初その第3楽章とされていたWoO 6の音型を見てみると、交差するところでかなり音が重なってしまっていて、実際の演奏には困難だと思われるような個所が散見されますが……。

平野　これは作曲がチェンバロで行われていたためだと思われます。出版はウィーンに来てからですが、作曲自体はボン時代にほぼ完成しているはずです。同時期に《選帝侯ソナタ》やこの「第0番」など、これだけ優れたものを書いていたのですから、「第2番」の協奏曲の最初の形（第1稿）がボン時代にできたと考えるのは全く自然なことでしょう。

――現在はOp15が「第1番」、Op19が「第2番」として知られているが、実際には「第2番」が先に完成している。その第3楽章はもともと、現在WoO 6として整理されている「ロンド」が想定されていた。

平野　「第2番」の公開初演は1800年くらいですが、それまでに演奏自体は何度もされています。例えば、「第1番」と「第2番」どちらだったのか定かではないのですが、1795年12月にはハイドン主催の演奏会でベートーヴェンの協奏曲が演奏されていますし、同じ年の春にもピアノ協奏曲が弾かれたという記録が残っています。少なくとも1795年の段階では2曲とも弾ける状態にあったはずなのです。ベートーヴェンは演奏会の度に改訂を行ううち、「第2番」の第3楽章を差し替えるに至ったのでしょう。

小山　調性から見ても、やはり「第2番」が最初に書かれているのだと実感します。「第1番」、「第3～5番」はすべて、第1楽章と第2楽章が3度関係になっているのに対して、「第2番」だけ、第2楽章が4度上の下属調になっている。非常に18世紀的なつくりですよね。それにしてもベートーヴェンの協奏曲は本当に革新的だと思います。それまではピアノ・パートが開始するまでの前奏が非常に長かったのに対し、「第4番」はピアノ・ソロから開始し、「第5番」はカデンツァで作品が始まりますから。しかも、その2曲は第2楽章から終楽章へそのまま繋がっていく……。

平野　やはり、「すべての楽章で1つの作品」という意識が表れているのでしょう。例えば、ハイドンの複数の同じ調性の交響曲で、各楽章をバラバラにしてそれぞれを組み替えてみてもあまりおかしくならないのですが、ベートーヴェンの場合はそれが全くできません。例えば、ハイドンには24曲もニ長調交響曲があるのですが、第1楽章から第4楽章を別の曲で並べ替えてもそれほど不自然ではありません。

小山　それって、とても面白いですね。でもベートーヴェンの作品はそういうわけにはいかない。すべての楽章に何らかの関係性がありますね。「ピアノ協奏曲第2番」第3楽章も、より密度の高い結びつきを与えるために、新しいものに変えたのでしょうね。とはいえ、現在の第3楽章と、最初に置かれていたこのWoO6の「ロンド」には、同じDNAが流れていることを感じます。WoO6で左手で奏されているものが、最終的な「第2番」第3楽章では右手の動きのリズムを想起させます。ところで、「第2番」のコンチェルトを演奏する際、第3楽章をこのWoO6の「ロンド」に差し替えて弾くピアニストはいるのでしょうか。

平野　いないですね。編成自体は同じなのですが……。オーケストラの響きがWoO6のロンドはかなり軽いので、第1、2楽章から続けて弾いた時には響きが全く異なるものになってしまうのです。

小山　なるほど。確かに軽い雰囲気を感じます。なんとなくモーツァルトの影響を感じるような……。

平野　ベートーヴェンは「第2番」を出版するまでに、少なくとも4回は改訂していますが、やはり「第1番」と比べると、先ほどの調設定はもちろん、音型などにもモーツァルトの影響が大きいと思わせる箇所がたくさんあります。そういった意味で、この「ロンド」は現在の第3楽章よりも、さらにモーツァルト的な部分が多いです。ボン時代からウィーン時代初期にかけての作品を改めて見直すと、「伝統的なものから抜け出したい」というベートーヴェンの強い意識が改めて浮かび上がってきます。

ボン時代からウィーン時代初期にかけての作品からは、「伝統的なものから抜け出したい」というベートーヴェンの強い意識が浮かび上がってきます　平野昭

――ベートーヴェンは、WoO4やWoO6を手掛けた間には、「3つのピアノ四重奏曲」WoO36なども書いており、作曲を始めたばかりにも関わらず、かなり広いジャンルを手掛けていることがわかる。今回取り上げた作品は本当に演奏機会の少ないものではあるが、作曲家としてのベートーヴェンがどのように独自性を創り出していったかを考える上では、これらの存在は非常に大きく、無視できないものである。

平野先生のOne more point Beethoven

新時代のピアノ協奏曲への道のり

ショパンやリストが活躍する30～40年ほど前のことだが、すでにベートーヴェンは当時の音楽界の常識をはるかに超えた超絶技巧をもつピアニストとしてウィーン音楽界の寵児になっていた。そうしたベートーヴェンにとって必要なのは交響曲やオペラより、まず自分の演奏会で腕前を披露するためのピアノ音楽、とりわけ協奏曲であった。ウィーンの音楽界がモーツァルトのピアノ協奏曲に熱狂していたことをボン時代から知っていた（最晩年のモーツァルト人気は信じられないほど低かった）ベートーヴェンが考えたことは、モーツァルトを超えることであったに相違ない。だからベートーヴェンはピアノ演奏技巧の高さや華麗さだけを追求するのではなく、協奏曲音楽、ピアノ音楽の本質においてモーツァルトとは異なる表現様式を開拓しようとした。

まず、モーツァルトのスタイルを模倣することに挑戦した。まだ作曲を試み始めて３年も経たない13歳の1784年に「変ホ長調」協奏曲WoO4を作曲し、15歳の1786年には長い年月をかけ３回の改訂を経て最終稿に至る現在「ピアノ協奏曲第２番」（1801年11月にOp19として初版出版）と呼ばれる「変ロ長調」協奏曲の作曲に取り掛かっている。この曲はウィーン進出前のボン時代に第１段階の完成をみていたと思われる。WoO4、Op19の「第１稿」の２曲にモーツァルト・スタイルの色濃い残照が見られる。「変ロ長調」協奏曲はウィーン進出後に改訂を重ねることになるが、1793年にボン時代の「第１稿」の終楽章を改訂完成させるも、新しい終楽章の着想を得て1794～95年に「第２稿」を完成させ、その時に差し替えられた旧稿の終楽章が現在「ピアノとオーケストラのためのロンド」WoO6として知られる小品となっている。

こうしてモーツァルトのスタイルを消化吸収したベートーヴェンは早くも1793年にピアノ協奏曲の第３作目となる「ハ長調」協奏曲に着手し、1794年暮れあるいは95年初頭には完成させている（この曲も二度の改訂を経て1801年３月に、前作「変ロ長調」協奏曲より８カ月早くOp15として初版出版され、結果的にOp19より若い作品番号をもつため、作曲順とは逆に「第１番」と呼ばれている）。ここからがベートーヴェンのピアノ協奏曲革新の道のりとなる。「第１番」に続く「第３～５番」の４曲に共通する特質は、第２楽章の調が古典派時代の５度調（主調より５度高い属調、５度低い下属調）ではなく、すべて３度調が設定されていることだ。第２に、開始楽章の新しい主題提示法として、「第４番」ではピアノ独奏による開始を試みる。「第５番」ではピアノ独奏によるカデンツァ風の導入部からの開始。楽章連結による協奏曲全体の有機的統一化を「第４番」と「第５番」で実施。協奏曲の交響的音楽内容の充実のため協奏曲の醍醐味とも言えるカデンツァ部を、即興的表現を踏まえて作品の中に作曲してしつらえ、「第５番」ではピアニストの自由即興によるカデンツァ部を廃止した。

「ピアノ協奏曲第３番」自筆譜より。第２楽章は、主調（ハ短調）と３度関係にあるホ長調が選ばれている

モーツァルトからの影響の脱却、「ピアニスト」から「作曲家」への移行など、ベートーヴェンの優れた筆致に進化の過程が見出せる2つのピアノ協奏曲「第1番」、「第2番」を取り上げる。

第10回

楽曲名	調	作品番号	作曲年	出版年	編成
ピアノ協奏曲第1番	ハ長調	Op15	1793〜1800	1801	独奏p, fl 1, ob 2, cl 2, fg 2, hrn 2, tp 2, timp, 弦5部
ピアノ協奏曲第2番	変ロ長調	Op19	1786〜98		独奏p, fl 1, ob 2, fg 2, hrn 2, 弦5部

「自分らしさ」の追求 モーツァルトとの関係

――ベートーヴェンの残した（Op番号の付いた）5つのピアノ協奏曲のうち、「ピアノ協奏曲第1番」Op15と「第2番」Op19は、完成までに幾度も改訂を施され、ようやく出版された作品であった。前回はこれらの前に作曲された通称「第0番」WoO4と、「第2番」第3楽章の第1稿である「ピアノと管弦楽のためのロンド」WoO6を扱ったが、今回はこれらを経てウィーンで完成した「第1番」と「第2番」を扱い、〝ピアニスト〟から〝作曲家〟へと、本格的に進化したベートーヴェンの作風を検討していく。

平野　現在「第2番」とされているOp19は非常に改訂が多いために、「第1番」よりも出版が遅くなってしまいました。ここまで直しに時間をかけているのは、モーツァルトの影響や伝統的な書法から離れたいという想いがあったためでしょう。

小山　ピアノ・ソナタでも、Op2でいきなり4楽章構成のソナタを3曲書いていますからね。しかも、その「第1番」は強硬なまでの姿勢でヘ短調にしています。伝統とは違うものを求めていたベートーヴェンにとって、変ロ長調のピアノ協奏曲はあまりにもモーツァルト的と思ったのでしょうね。そういえば、モーツァルトの最後のピアノ協奏曲（「第27番」K595）も変ロ長調ですよね。やはり似てしまうことを避けたかったのでしょうか。

平野　その想いはかなり強かったと思います。ただ面白いことに、ベートーヴェンはハ短調を好みましたが、なぜかモーツァルトのハ短調の「ピアノ協奏曲第24番」K491はほとんど弾かなかったのです。きっと自分が書いているハ短調の世界とは違うと感じていたのでしょうね。一方、ニ短調の「ピアノ協奏曲第20番」K466はよく弾いていて、1809年になってからなのですが、現在多くのピアニストが使っているこの曲のカデンツァも書いています。

小山　ニ短調の協奏曲は珍しいですよね。当時は短調の協奏曲はほとんど書かれていなかったですから、ベートーヴェンにとっては恐らく刺激的なコンチェルトだった。だからこそモーツァルトの協奏曲なのにカデンツァも書きたくなった、というのはよくわかるような気がします。ベートーヴェンが「第1番」と「第2番」の2つの協奏曲を書いていた頃は、とにかく革新的なものを追い求めていた時期です。特に変ロ長調の「第2番」Op19はモーツァルトの影響から離れたいという想いの強さもあって、改訂に次ぐ改訂を重ね、最終的に第3楽章の差し替えにまで至ってしまった……。

平野　そしてOp15のほうがより「自分らしい」作品だと思ったのでしょう。第1楽章のハ長調から、第2楽章では変イ長調を使用する、というモーツァルトがほとんどやらないことをしています。モーツァルトの作品はピアノ・ソナタや交響曲などを見ても、ほとんどの第2楽章が第1楽章と5度関係

1786年に描かれたモーツァルト。代表曲《トルコ行進曲付き》を意識したベートーヴェンが導き出したピアノ・ソナタとは――

か4度関係の調、または平行調です。ただし、ベートーヴェンが好んで弾いた「ピアノ協奏曲第20番」の第2楽章は変ロ長調で、「交響曲第40番」K550（ト短調）でも第2楽章が変ホ長調（長3度下）になっているという例外もあり、それらからの影響が全くなかったとは言えませんが、むしろ、そうした楽章調の設定に共感していたのだろうと思います。

小山　編成もOp15のほうが大きいですよね。Op19には使われていないクラリネット、トランペット、そしてティンパニが入っていますから。

平野　Op19の楽器編成の小ささについては、貴族の私邸で演奏することを想定して作曲したからではないかという話がありますね。

> 2つのピアノ協奏曲を書く前後で、ピアニストから「作曲家として」生きていくという強い想いが現れたことがわかります
>
> 小山実稚恵

当時における協奏曲は取り組みやすいジャンル？

――最初に出版する協奏曲として書いていたOp19は、かなり室内楽的な響きを想定していたことが窺える。ベートーヴェンはこれまでにピアノ三重奏曲やヴァイオリンもしくはチェロ・ソナタなどの室内楽を書き、作曲家としての歩みを進めてきたが、この時代、「協奏曲」というジャンルの価値はどれほどのものだったのだろう。

平野　この当時のピアノ協奏曲の編成については微妙なところですね。当時の協奏曲は、初演をオーケストラでやっていても、再演はオーケストラのパート譜を抜き出して、五重奏や六重奏などの室内楽編成でやることが多かったのです。これはショパンの時代あたりまで普通に行なわれていました。ピアノ協奏曲というジャンルが最盛期を迎えるのは19世紀になってからですが、現在では忘れられた作品も少なくなく、ものすごい数の協奏曲が書かれています。

小山　そうなると、協奏曲、特にOp19はボン時代の仲間と気軽に共演することを想定した室内楽的な楽しみ方で演奏されていた。交響曲や管弦楽曲とは違う扱いだったということですね。若きベートーヴェンでも手を出しやすいジャンルだった。こうやって振り返ってみると、ベートーヴェンは自分の才能を発揮しながら少しずつ歩を進め、進化していったことがわかります。

平野　Op19の協奏曲は、やはり第3楽章の「差し替え」（79ページ参照）が大きな特徴ですが、こういうこと自体はベートーヴェンには意外とあるんですよね。「ピアノ・ソナタ第8番《悲愴》」Op13も、第3楽章のロンドはもともと、Op12

のヴァイオリン・ソナタに使われる予定で最初は書かれていたといわれていますから。

作曲家として台頭し始める ベートーヴェンの革新性

――かなり試行錯誤を重ねていたOp19に比べれば、Op15も改訂は重ねたものの、スムーズに完成を迎え、結局最初に出版されたピアノ協奏曲となった。楽器編成は巨大化し、調も3度関係になるように配置されている。よりベートーヴェンらしさが表れたこの作品は、「作曲家＝ベートーヴェン」としての歩みを大きく進めた1曲と言えるだろう。実際に、他の作曲家にも影響を及ぼすようになっていた。ベートーヴェンのOp15が出版された9年後、1810年に出版されたフリードリヒ・クーラウ（1786～1832）の「ピアノ協奏曲」Op7（ハ長調）が、あまりにもベートーヴェンのOp15と酷似している。

平野　リズムを少し変えたりしているくらいで、調の配置も同じですし、これは「パクリ」と言われてもおかしくないほどに似ていますね（笑）。ネットで探してみてください。

小山　なんというか、驚くほどソックリです。音階の動きなどもほとんど一緒です。もちろん細かいところでは色々相違点はありますが……ここまで似せてしまっていいものなのでしょうか。

平野　これはもしかしたら当時、貴族からの注文があったのかもしれませんね。よく「誰々風」に書いてくれという依頼をすることはありましたから。実際にベートーヴェンもモーツァルトの「ピアノと管楽のための五重奏曲」K452をモデルに「ピアノと管楽のための五重奏曲」Op16を書いていますが、この曲は1796年にプラハでモーツァルト愛好家に依頼されたものだと、私は推測しています。

小山　ああ、ベートーヴェンはこの時期にはすでに貴族からの注文なども受けて作品を書いていた可能性があった、ということですね。なるほど納得しました。ピアニスト、ベートーヴェンが、作曲家ベートーヴェンとして変貌し、作曲家としての地位を確立してゆく感じが伝わってきます。

平野　そうですね。ピアノ協奏曲の2作品（Op19、Op15）が出版された頃には「交響曲第1番」Op21や「弦楽四重奏曲第

「ピアノ協奏曲第1番」そっくりのピアノ協奏曲を書いたフリードリヒ・クーラウ。こうした人気作を真似た作品は当時かなりの数が作曲されたようだ

1～6番」Op18を書いていますし、彼自身、作曲家としての意識が強く芽生えてきていたはずです。ちなみにベートーヴェンは1806年に作曲するOp61まで、ヴァイオリン協奏曲を書いていなかったのですが、実はピアノ協奏曲と並行して、すでにボン時代にヴァイオリン協奏曲のスケッチを書いているのです。現在はWoO 5とされている1楽章のみの作品です。

小山　ああ、ちょうどボンからウィーンに移る時期にベートーヴェンが色々な試みをしているということになりますね。2つのピアノ協奏曲の前には「第0番」を書き、Op19は何度も書き直しを重ねて、ヴァイオリン協奏曲の断章も並行して書いて……やはり「作曲家として生きていく」という強い想いがあった。こういった事実からWoOと整理されている作品の重要性が、よりわかってきますね。

平野　そうなのです。ピアノ・ソナタも、現在は全32曲で定着していますが、これはあくまでもOp番号のついている作品に限っての数です。《選帝侯ソナタ》WoO 47の3曲、WoO 50や51のソナタを合わせれば、実際には37曲ほどあります。もっとこれらの作品が知られ、その重要性がもっと理解されるべきだと思います。

小山　もちろん少年時代のものですから、Op番号のつけられた作品ほどの緻密さはないけれど、後の作品に通じる楽想などもたくさん出てきますし、様々な形で紹介されることがあっていいと思います。と言うか、あるべきなのだと思います。ぜひ私も演奏していきたいです。

「第2番」の改訂の多さはモーツァルトの影響や伝統的な書法から離れたいという意識がとてもあったためでしょう

平野昭

――協奏曲というジャンルに着手し、より作曲家としての立ち位置を確立したベートーヴェン。作品番号の与えられていない初期の作品とともに検討することで、改めて彼の周到な準備と「革新」に対する強い想いというものが浮かび上がってきた。

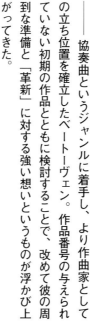

第11回

楽章構成やテクニック、そしてモーツァルトの《トルコ行進曲》への自分なりの回答など、あらゆる点で前時代へのオマージュとも言えるものが見出せる2つのピアノ・ソナタ「第11番」と「第12番」を検証する。

楽曲名	調	作品番号	作曲年	出版年	編成
ピアノ・ソナタ第11番	変ロ長調	Op22	1800	1802	p
ピアノ・ソナタ第12番	変イ長調	Op26	1800〜1		

4楽章構成に貫かれた実験性と革新性

――前回2つのピアノ協奏曲（Op15&19）を検討し、ベートーヴェンがついに「作曲家」としての立ち位置を確立したことがうかがえた。彼の周到な準備と革新は作品に強く反映され、独自性がより花開いていったのである。今回は「第11番」Op22と「第12番」Op26のピアノ・ソナタを検討し、ピアノ・ソナタにおける「作曲家・ベートーヴェン」の実像に迫る。

平野　「第12番」Op22のピアノ・ソナタはこれまで1799年に着手し、1800年に完成したという説もありましたが、近年の紙の研究により、1800年夏あるいは初秋の着手で、1801年3月までの間の完成であることがわかりました。

小山　非常に大きなソナタですが、短期間で書かれているのですね。

平野　はい。ただし、出版は1802年です。当時は完成した後にかなり演奏されてから出版されることが一般的でしたから、その間にかなり修正はされていると思います。

小山　弦楽四重奏曲に書き直されたOp14と同様に、Op22もパート間でのやりとりがとても緻密ですよね。自立した声部が交錯する感じがあって、そのまま管弦楽作品にも編曲できるような作風だと思うのですが……。

平野　テクスチャーには18世紀の特徴が見えますし、モーツァルトのピアノ協奏曲に近いテクニックが随所に用いられています。しかも主調が変ロ長調、第2楽章が下属調の変ホ長調で書かれていて、ベートーヴェンには珍しいほど古典的な構成感があります。ただし、全体は18世紀のソナタにはない4楽章構成です。

小山　形式的な面でもモーツァルトを意識しているように思えます。モーツァルトは4楽章形式でピアノ・ソナタを書いてはいませんが、ソナタ形式の第1楽章、そしてメヌエットからロンドという流れが踏襲されていますし……。

平野　そうですね、ただ、やはりベートーヴェンらしい新しさも随所に見られます。第2楽章は伝統的にも一般的にも「ABA」型の歌謡三部形式が使われるのですが、ここではソナタ形式原理による展開を思わせる中間部をもった緩徐楽章になっています。そして半音階的な音型が多用されていて、即興性、幻想性をも感じさせます。

小山　発想記号もアダージョで、さらに〝con molta espressione きわめて表情豊かに〟と書かれています。とても強い表現への欲求なのですね。また形式ですが、展開部のところは主題音型がそのまま残されているので、一種の変奏曲のような感じを受けます。

「第11番」Op.22は自立した声部が交錯する感じがあって、そのまま管弦楽作品にも編曲できるような作風だと思いました

小山実稚恵

ドイツ語文章にも似た枠組みと有機的展開

——なお、「第11番」のソナタを献呈されたヨハン・ゲオルク・フォン・ブロウネ＝カミュ伯爵（1767〜1827）はウィーンに駐在していたロシアの軍人である。

小山　この時期はロシアの皇帝などへの作品献呈が多いのですよね。ベートーヴェンと関わりの深いアンドレアス・ラズモフスキー（1752〜1836）もロシアからのウィーン駐在大使でしたし、ベートーヴェンはロシアに対して強い想いがあったのでしょうか。

平野　それもあります。ずっと後の話になりますが、サンクトペテルブルクはウィーンよりも先にベートーヴェンの《ミサ・ソレムニス》を初演（1824年）していますし、ベートーヴェンびいきの人が貴族に多かった。もう少し後になると、ロシアの音楽はフランス趣味になっていきますが、偶然でしょうが、ベートーヴェンが活躍していた時期はウィーン

【即興演奏競技】

ベートーヴェンの時代のピアニスト（作曲家）たちはしばしばパトロンの命によって即興演奏を強いられることがあった。こうした余興的パフォーマンスを好む人と好まない人がいる。15曲ほどの舞台音楽や８曲のピアノ協奏曲など数多くの管弦楽曲と室内楽を遺したベルリン生まれのダニエル・シュタイベルト（1765～1823）はピアノの名手としても知られ、ヨーロッパ各地で演奏会を開催。1800年初春にドレスデン、プラハなど各地の演奏会で人気を博したあと３月にウィーン入りしたある日、モーリッツ・フォン・フリース伯爵（1777～1826）邸での夜会で二人は出会うことになる。ベートーヴェンがピアノ三重奏曲《街の歌》Op.11（この時はvn、vc、p）を披露すると、シュタイベルトは自作のピアノ五重奏曲と即興演奏を披露し、勝ち誇ったかのようにベートーヴェンを見下したらしい。８日後に同邸で再び同じメンバーで演奏会が開かれると、シュタイベルトは《街の歌》の主題によって即興演奏を繰り広げた（準備万端作曲暗譜していたようだ）。これに憤慨したベートーヴェンは、即興演奏などするつもりもなかったのだが、ピアノの前まで歩み出る途中の譜面台の上にあったシュタイベルトの五重奏曲のチェロ・パート譜を取り上げピアノの譜面台に上下逆さまに置き、これを主題として見事な変奏曲即興を披露。シュタイベルトはおずおずと逃げ去ったという。

との関係が非常に深かったのです。

小山　ああ、そうなのですか。《ミサ・ソレムニス》の初演はサンクトペテルブルクだった……。ところでこの「第11番」のソナタは、コンサートではなぜかあまり弾かれないですよね。テクニック的にもなかなか手ごわい作品ですが、とてもポリフォニー的で素敵なソナタなんですね。小節線を越えたフレージングがあったり、意表を突くような休符も出てきたり。

平野　拍感が崩されたり、右手と左手がずれて追いかけあったりと、新しいことが色々と見つかりますね。ピアノ・ソナタだけれども、複数の人間が弾いているような声部分けを感じさせるところが多いですね。

小山　また、このソナタは第１楽章で使われた要素が第４楽章にかなり出てきますね。

平野　ベートーヴェンは楽章が増えるごとに、「共通性」を強調する傾向があります。４楽章構成のソナタだからこそ第１楽章の因子をもってくることで、ドイツ語の文法で特徴的な「枠構造」を作るように有機的なソナタにしています。

小山　「枠組み」ということが強く意識されているということですね。ドイツ音楽がドイツ語と非常に密接であるのと共通する概念ですね。

平野　一見全く違うように見える第２楽章も、前打音の使い方などを見てみますと、続く第３楽章との共通項がかなりありますし、全体を通して共通するＤＮＡのようなものが流れています。

小山　第２楽章を下属調にして、第３楽章がメヌエット、終楽章がロンド……ということを鑑みると、この「第11番」のソナタはOp２（第１～３番）やOp７（第４番）のソナタでやってきたことの集大成のような位置づけにあると言ってもいいですね。

平野　そうですね。ベートーヴェンの古典的なスタイルに対する考え方を統合し、総決算した作品だと言えるでしょう。ちょうど１８００年から翌年にかけて、ベートーヴェンは「実験期」に入っていました。今までにないことをやろうとしていたのです。典型的なのが「第12番」Op26と「第13番」「第14番」Op27で、ソナタ形式による第１楽章を置かない楽章構成に、そうした実験的特性を見出すことができます。

《トルコ行進曲付き》へのベートーヴェンなりの回答?

小山　「ピアノ・ソナタ第12番」Op26は、「第11番」Op22からほとんど間が開かずに作られた作品であるにも関わらず、作風は古典的なものから革新的なものへと変化している。

平野　ただ、モーツァルトへの意識、という点では共通しています。Op22はモーツァルトのスタイルをかなり踏襲した作風になっていましたが、Op26には「ソナタ第11番《トルコ行進曲付き》」Ｋ３３１を思わせるものが見出されます。両曲とも変奏曲の第１楽章、モーツァルトがメヌエットの第２楽章としているのに対し、ベートーヴェンはスケルツォ、そして第３楽章はトルコ行進曲に対して葬送行進曲が置かれています【譜例①】。どこにもソナタ形式がないのです。ベートーヴェンはさらにアレグロの第４楽章を付け加えています。

モーツァルト「ピアノ・ソナタ第11番《トルコ行進曲付き》」K331			
第１楽章	イ長調	8分の6拍子	変奏曲
第２楽章	イ長調	4分の3拍子	メヌエット
第３楽章	イ短調―イ長調	4分の2拍子	トルコ行進曲
ベートーヴェン「ピアノ・ソナタ第12番」Op26			
第１楽章	変イ長調	8分の3拍子	変奏曲
第２楽章	変イ長調	4分の3拍子	スケルツォ
第３楽章	変イ短調	4分の4拍子	葬送行進曲
第４楽章	変イ長調	4分の2拍子	アレグロ

【譜例①】「ピアノ・ソナタ第12番」第３楽章《葬送行進曲》冒頭

小山　なるほど……そうするとOp22とOp26は性格的には全く違う作品ですが共通点がとても多いということですね。２曲をセットで考えることも可能かもしれませんね。

平野　Op26は、ショパンの《葬送ソナタ》と近いですよね。主題性の希薄な不思議なフィナーレ楽章という点でも共通しています。恐らくショパンはこの曲をよく知っていて、大きく影響を受けているはずです。

小山　時代を先取りした作品ですね。《葬送行進曲》楽章だけでなく、第1楽章に♭7つの変イ短調による第3変奏がありますね。途中の転調もすごくて、9小節目からはめくるめく転調が行われ、変イ短調に戻ります。かなり異質ですね。

平野　Op26、Op27と開始第1楽章からソナタ形式を外した異質なソナタが続いています。また、これは曲の形式とはあまり関係ないのですが、この曲の自筆譜や初版譜を見ると、第5変奏の最後の4小節だけにペダルがついているのです。実はこれが最初のダンパー操作指示なんです【譜例②上：現代譜、下：初版譜】（102ページ参照）。

小山　第3楽章の葬送行進曲でも中間部、第4楽章も楽章の最後だけペダルがついていますね。共通しているのは、*f*で終わらず、*pp*で終わるようになっていることでしょうか。

平野　恐らく音色の劇的な変化や幻想的な響きを意図したのでしょう。各楽章の最後、しかも*pp*の箇所にペダルをつけているということを斟酌しないといけませんね。

［譜例②］「ピアノ・ソナタ第12番」第1楽章第5変奏終止まで

カッピ社から出版された初版の「ピアノ・ソナタ第12番」第1楽章第5変奏終わりの部分

小山　その箇所になったらソフトペダルを踏むとか、それまでの部分とは大きく音色を変えたり、響きに余韻をつけたり……と圧倒的な「違い」を出せるようにしたいですね。それにしても、このソナタは全体を通して強弱の指示が細かく書かれていますよね。フレーズごとに変わっていったり、アクセントも細かくつけられていたり……。スタッカートの指示もかなり書き込まれている。

平野　*p*と*f*と*ff*、さらに*sfz*も絡んできて、タッチについてかなり工夫を求められることがわかりますね。どれだけ音色を変化させられるかが、この作品の演奏における大きなカギのひとつと言えるでしょう。

「第12番」Op 26はショパンの《葬送ソナタ》と近い。恐らくショパンはこの曲をよく知っていて、大きく影響を受けているはずです

平野 昭

――今回のピアノ・ソナタ2曲は、作曲家として確固たる立ち位置を獲得したベートーヴェンの創り出す「総決算」と「実験」とが顕著な作品であった。次回は、ここから革新を加速させるベートーヴェンのピアノ・ソナタを検討していく。

平野先生のOne more point Beethoven

ブロウネ=カミュ伯爵夫妻と献呈作品

サンクトペテルブルク、モスクワに次ぐ帝政ロシア第3の大都市で、「バルト海の真珠」と呼ばれる風光明媚な港町リガ（現ラトヴィア共和国首都）出身の裕福な伯爵ヨハン・ゲオルク・フォン・ブロウネ=カミュは妻アンナ・マルガレーテ（1769～1803、旧姓ミュニッヒ伯爵令嬢）とともに、1794年暮れ頃にウィーン駐在ロシア上級将校として赴任し、その財力もあって、ウィーン貴族界でも目立った存在となった。この夫妻が自ら楽器を嗜んだという記録はないが、邸宅でしばしば私的なコンサートを開いていたらしいことが知られている。ちょうどこの頃、ベートーヴェンの師ハイドンは2回目の渡英でウィーンを留守にしていたのだが、この間にベートーヴェンはオルガニストで音楽理論家としても知られるヨハン・ゲオルク・アルブレヒツベルガー（1736～1809）のもとで対位法を学んでいた。レッスンは1795年春まで続けられたようだが、その後も両者の友好関係は保たれ、アルブレヒツベルガーからベートーヴェンに宛てられた3通の書簡が残されている。1796年12月15日付と1797年6月8日付の手紙では、どうやらブロウネ=カミュ伯爵邸で両者が加わって演奏した弦楽三重奏曲について言及している。どの作品なのか特定されていないのだが、それをアルブレヒツベルガーはオーケストラ用に編曲したという話題である。この時の作品と関係があるか否かは不明なのだが、1798年7月には「3つの弦楽三重奏曲」Op9が伯爵に献呈されている。さらに、1800年作曲の「ピアノ・ソナタ第11番」Op22、1801年作曲のチェロとピアノのための「モーツァルトの歌劇《魔笛》の〈恋を知る殿方にあっては〉の主題による7つの変奏曲」WoO46も献呈している。そして、初期の歌曲作品中でも特に重要な作品である《ゲレルトによる6つの歌》Op48を、3年がかりで1802年3月に完成させているのだが、これを伯爵夫人アンナ・マルガレーテの逝去（1803年5月13日）の後に出版（8月）し、これを伯爵に献呈している。さらにこの頃作曲していた歌曲《うずらの鳴き声》WoO129も、1804年の初版譜で伯爵に献呈されている。

ブロウネ=カミュ伯爵は伝記上では目立たない脇役であるが、ウィーン時代初期のベートーヴェンにとっては重要なパトロンの一人であった。ベートーヴェンがピアノ曲を献呈した女性のほとんどがピアノ演奏を嗜む人であったが、ブロウネ=カミュ伯爵夫人アンナ・マルガレーテは自ら演奏することはなかったようだ。彼女にはOp10の3曲のピアノ・ソナタ（第5～7番）の他、1797年4月に出版したP.ヴラニツキーのバレエ《森の娘》から、当時人気のウィーンの宮廷バレリーナ、マリア・カッセンティーニ（生没年不詳／ウィーン滞在1796～1804）が踊った「ロシア舞曲の主題による12の変奏曲」WoO71、そしてF.ジュスマイアーの「オペラ《スレイマン2世》からの三重唱〈ふざけとたわむれ〉の主題による8つの変奏曲」WoO76も献呈されている。

若きベートーヴェンとその支援者たちが過ごしたウィーン（グラーベン）の街並み

ソナタと題されながらもその形式から全く逸脱した《幻想曲風》と《月光》によるOp27、オーソドックスなソナタ形式ながらも、音色や楽章間の連結や調関係など新たな実験が見出せるOp28《田園》の3曲を扱う。

第12回

楽曲名	調	作品番号	作曲年	出版年	編成
ピアノ・ソナタ第13番	変ホ長調	Op27-1	1801	1802	p
ピアノ・ソナタ第14番(《月光》)	嬰ハ短調	Op27-2			
ピアノ・ソナタ第15番(《田園》)	ニ長調	Op28			

ソナタ形式であって ソナタ形式ではない？

――前回はベートーヴェンが創り出した古典的ソナタの総決算である「第11番」Op22と、実験的試みが見えた「第12番」Op26のピアノ・ソナタを取り上げ、本格的に「作曲家」となったベートーヴェンの書法を検討したが、今回は「第13番」Op27-1、「第14番」Op27-2、そして「第15番」Op28の3つのピアノ・ソナタを取り上げ、より新しさを求めて実験を繰り返すベートーヴェンの創作を探る。

平野　ベートーヴェンの創作様式をソナタ形式に注目していくと、7つの時期（下表）に分けることができるのですが、今回の3曲は第3期「実験的ソナタ様式期」にあたります。

小山　Op26では第1楽章に変奏曲を置くなどしていましたが、Op27では従来のソナタとはさらに違う作風になっていますね。

平野　「作曲家」ベートーヴ

学習期・ボン時代	1782〜1792年
ウィーン台頭期	1793〜1799年
実験的ソナタ期	1800〜1801年
ドラマ的ソナタ期	1802〜1808年
カンタービレ期	1809〜1813年
ロマン主義接近期	1814〜1816年
孤高的様式期	1817〜1826年

ェンの実験はまず、ソナタの第1楽章にソナタ形式を使わない、ということでした。今回のOp27は2曲ともそうして書かれているのですが、全楽章がアタッカでつながっているなど、より一層全体が密なつながりをもっています。

小山　そうですね。Op27-1の各楽章間アタッカはもちろんですが【譜例①】、《月光》ソナタOp27-2の第2楽章と第3楽章の間（アタッカの表示は無）【譜例②】も、やはりつなげて演奏したほうがよいですよね、2楽章の最後の左手の音（レ♭・ラ♭）が終楽章開始の音（ド♯とソ♯）が同音ですものね。また、Op27-1のソナタの、通常第3楽章と見なされているアダージョ・コン・エスプレッショーネの部分は、全部で26小節と、とても短いですね。これによってこのソナタを「4楽章ソナタ」と捉えるか、4楽章へのインテルメッツォ（間奏曲）と考えて「3楽章ソナタ」と捉えるか、いつも悩みます。

平野　私は、次に続くアレグロ・ヴィヴァーチェ楽章（第4楽章）への序奏部のような役割だと考えています。自立性はありますが、この短さはやはり序奏のように捉えるほうが自然だと思います。

小山　緩徐部分を置いて、終楽章のアレグロに入るのは後期によく見られる傾向ですよね。例えば、Op106《ハンマークラヴィーア》なども……。ところで、この曲もペダルの指示が極端に少ないですよね。第1楽章の最終小節にたった1カ所書かれているだけですね。

平野　当時はまだ膝レバーでダンパーを操作していました。書いているところと書いていないところがある以上、書かれていないところは極力レバーを操作しない、ということなのだと思います。

【譜例①】「ピアノ・ソナタ第13番」第１楽章第85小節〜第２楽章第３小節

【譜例②】「ピアノ・ソナタ第14番」第２楽章第33小節〜／第３楽章冒頭

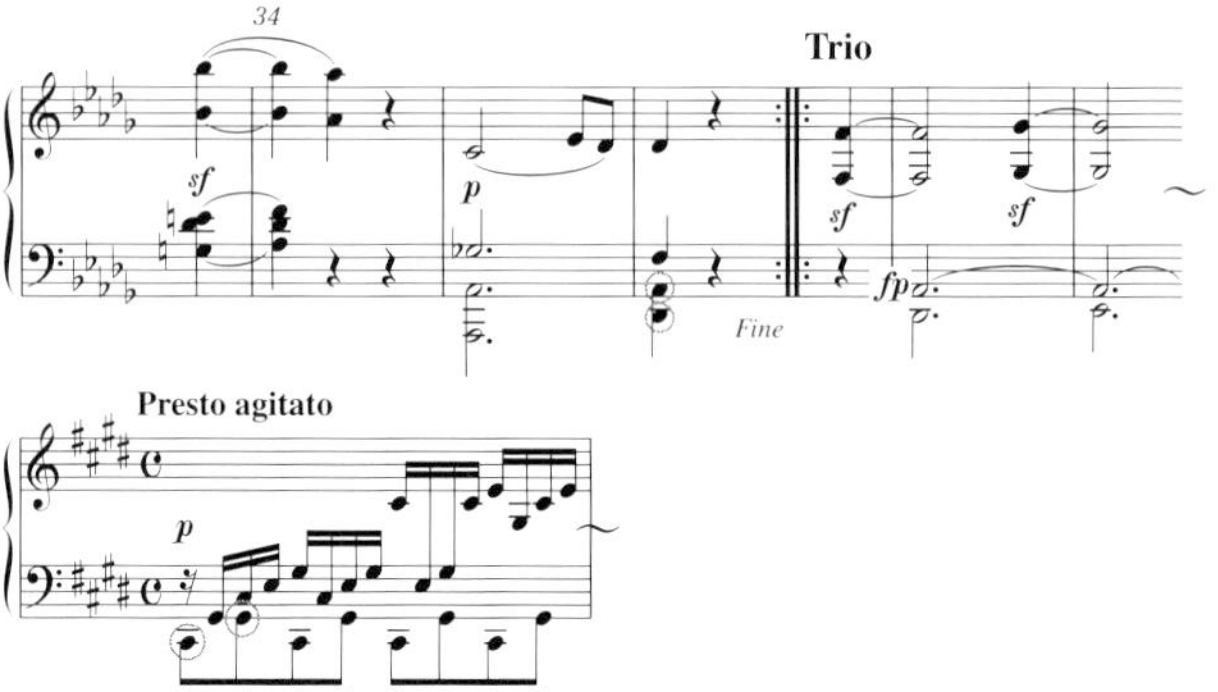

小山　もしペダルをほとんど使わずに弾くとなると相当難しいですし、曲のイメージも変わってくるような気がします。演奏者の立場的に見れば、実際は書いていないところもペダルを使っていたとは思うのですが、あえて1カ所だけペダルの指示を書き入れたということは、やはりこの最後の小節は特別なのだと強調したかったのでしょうね。

《月光》をめぐる話はたくさんありますが、やはり重要なことは、ソナタ形式ではない楽章で始まっていることです

小山実稚恵

宗教性をも喚起する《月光》の革新的魅力

——すべてがアタッカでつながり、より楽章間のつながりが強まっている「第13番」Op27-1だったが、続く「第14番《月光》」Op27-2もその要素は強い。

「ピアノ・ソナタ第14番」に《月光》のタイトルをつけた張本人、ルートヴィヒ・レルシュタープ。その愛称は、印象的な旋律と様々な逸話とともに今日まで定着することに

平野　《月光》はルートヴィヒ・レルシュタープがつけた愛称です。彼が、「月夜のルツェルン湖に浮かぶ小舟が揺れるよう」といった印象を述べたのは1832年で、ベートーヴェンの死後5年も経っています。

小山　当然ベートーヴェンは、まさか自分の曲にそんなタイトルがつけられているとは知らないわけですよね。印刷譜にも《月光》とついているものは多いですが、これはいつ頃から書かれるようになったのでしょう。

平野　1850年くらいに出版された楽譜には、すでに《月光》とつけられていました。実はベートーヴェン研究者のアドルフ・マルクス（1795〜1866）も、この曲に宗教的なタイトルをつけたのですが、それは定着しませんでした。

小山　カール・チェルニー（1791〜1857）は、「遠くから悲劇や宗教的なものが聞こえてくる」ということを述べていますよね。そして、実際この曲には第17小節の終わりから、「シ—ド—ラ#—シ」という音型が出てきます【譜例③a】。これはバロック象徴音型のひとつである「クロイツ（十字架）音型」*13を思わせますね。

平野　そうなのです。曲中のいたるところで、この音型は出てきます。さらに面白いのが、この曲は19世紀中頃には「アヴェ・マリア」とか、「キリエ・エレイソン（主よ憐れみたまえ）」の歌詞をつけた楽譜さえ出版されていました。です

1802年3月にウィーンのジョヴァンニ・カッピ社から出版された「ピアノ・ソナタ《月光》」初版譜の表紙（上）には「幻想曲風ソナタ（SONATA quasi una FANTASIA）」としっかり記されている。第1楽章（下）冒頭上部に記されたペダルの指示通りに現代のピアノでは弾けない（102ページ参照）

からマルクスやチェルニーはこの曲に底流するある種の宗教性や神秘性といったものを聴き取っていたのかもしれないですね。

小山　愛称や逸話など、この曲をめぐる話はたくさんありますが、やはり重要なことは、ソナタ形式ではない楽章で始まっていることですよね。

平野　はい。４楽章構成のソナタから、ソナタ形式による第１楽章を外し、緩徐楽章で開始するような構成になっていますね。第２楽章のアレグレットも不思議な曲で、続くプレスト・アジタートの序奏のような役割も果たしています。さらに重要なのが、この曲がショパンに大きな影響を与えていることなのです。嬰ハを異名同音で読み替えることで、第２楽章が変ニ長調になっています。

小山　確かに。そういえば、ショパンの「ワルツ第７番」Op64-2や《幻想即興曲》Op66も完全にそうですね。嬰ハ短調が中間部で異名同音の変ニ長調になっています。ショパンこそベートーヴェンとは対極的な作曲家だと思っていましたが、まさかこんなところでベートーヴェンの影響を見つけることができるなんて！

平野　ショパンはＪ・Ｓ・バッハとモーツァルトを尊敬し、そのスタイルを使用していたのですが、実はベートーヴェンからも強い影響を受けていたのです。またこの曲は１８０１年に書かれましたが、当時♯４つによる嬰ハ短調を使っていること自体も、かなり革新的です。

小山　終楽章にソナタ形式が置かれていることもこの曲の特徴ですね。作品の重心が最後に置かれたということですよね。

平野　楽章が進むごとにテンポが上がり、クライマックスを最後に置く、というのはこの当時のベートーヴェンの実験のひとつでした。

[譜例③a]「ピアノ・ソナタ第14番」第１楽章第17小節～

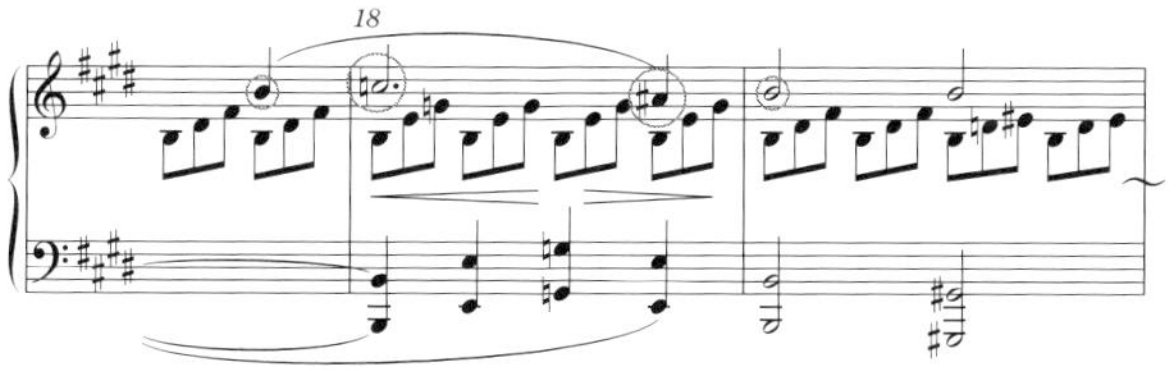

[譜例③b]「ピアノ・ソナタ第14番《月光》」第３楽章第29小節～

クロイツ（十字架）音型

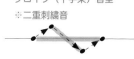

※二重刺繍音

小山　Op27－1と同じく、こちらも終楽章の最後で一度アダージョになってから激しいコーダに突入しますね。第2主題にクロイツ音型【譜例③b】が使用されていたり、部分的に見ればラメント・バス[*14]も見られたりするので、この楽章も宗教的要素が感じられますが、この激しさはいったいどこからくるものなのでしょう。やはり耳のことも影響しているのでしょうか。

平野　確かにこの頃から耳の状況は酷くなっているので、関係は深いかもしれません。ちょうどOp28からOp30が書かれた1802年初夏からの半年間ほど郊外のハイリゲンシュタットで静養を兼ねた創作の日々を送っています。

Op27－2も全楽章アタッカで演奏することで、より一層全体の一体感と幻想性が高まると思います

平野昭

《月光》は、当時ベートーヴェンがピアノを教えていた伯爵令嬢ジュリエッタ・グイッチャルディ（1784～1856）に捧げられた。一時期、恋心も抱いていたようだ

[譜例④]「ピアノ・ソナタ第15番《田園》」冒頭

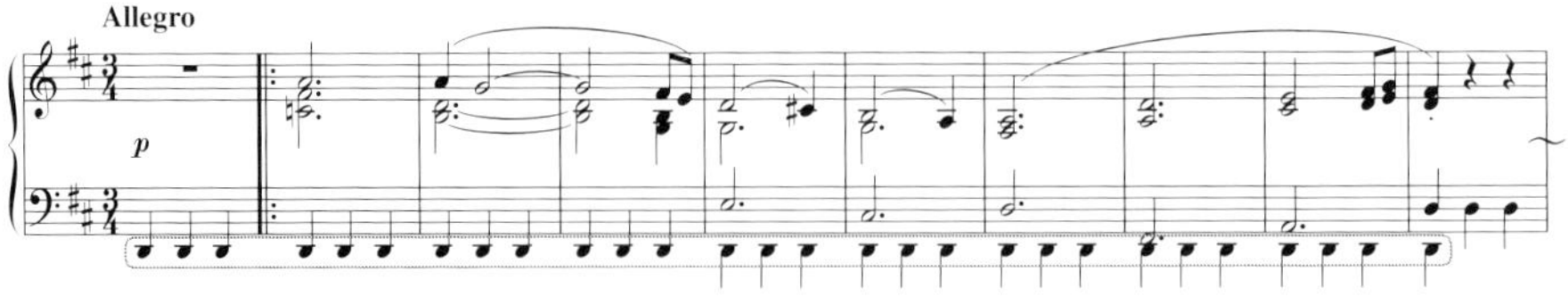

[譜例⑤]「ピアノ・ソナタ第15番《田園》」第4楽章冒頭

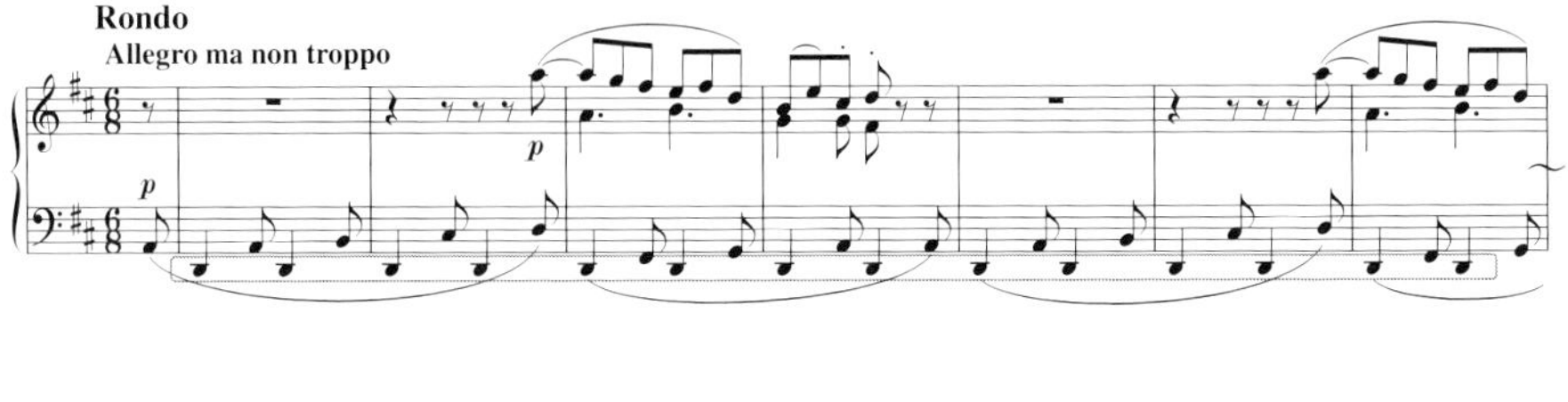

随所にちりばめられた楽聖の「田園」イメージ

――Op27に続く「第15番」Op28は《田園》という通称をもつ。こちらはオーソドックスな4楽章構成のソナタだが、やはり随所に「革新」への工夫が見出せる。

平野　《田園》というタイトルは1838年の出版譜からつけられるようになったもので、1802年の初版譜にはついていません。ただこの曲に関しては、音楽の実態からしても《田園》と呼ぶにふさわしい雰囲気はあります。伝統的に田園的なものを描いた曲はヘ長調やニ長調で書かれていますし、冒頭の主音による保続音（ドローン）がミュゼット、もしくはバグパイプといった農民のための楽器を思わせる【譜例④】、ということがずっと言われてきました。

小山　調性と楽器を模倣した主音保続がもたらす雰囲気は、確かに田園風景を感じさせてくれます。この曲はソナタ形式による第1楽章をもつ伝統的な「4楽章ソナタ」ですが、その中にはやはりベートーヴェンならではの革新性がありますよね。

平野　《月光》の流れからくる楽章間の連続性の保持、また第1楽章と第2楽章がニ長調とニ短調で同主調関係になっていることですね。ピアノ・ソナタでこうした調関係はなかなかありません。また第1楽章は第1主題のモティーフがひたすら散りばめられ、それが様々な表情を作り出していきます。

小山　その調関係は第2楽章の中にも見られますね。ニ短調で開始し、すぐにニ長調にうつります。第3楽章はスピード感、フォルテとピアノのコントラストの明確さなどが魅力ですね。

平野　終楽章のロンドは第1楽章の保続音の流れを受け継いでおり【譜例⑤】、全楽章の統一を推し進めようとしていたことが窺えます。

――ベートーヴェンのソナタにおける「実験」は、作品により有機的なつながりを与え、ソナタという楽曲に新たな可能性を見出すものとなっているのと同時に、内面的なものや情緒がさらに見えてくるものとなった。こうした試みは、他の楽器が加わっても同様である。次回はヴァイオリン・ソナタを通して、作曲家ベートーヴェンの実験にさらに迫る。

＊13　バッハの時代、もしくは少し前の時代くらいから、深い悲しみを半音下行音型で表すなど、特定の事象を象徴するものとしてある音型を使うことがあった。「十字架（独：Kreuz クロイツ）音型」は、例えば「ド－レ－シ－ド」のような音型を見てみると、ド音とド音、レ音とシ音を結ぶと十字架の形になる。これがイエス・キリストの受難を表現するとされている。

＊14　半音ずつ下行していく低音部を指し、悲しみのバスともいわれる。

平野先生のOne more point Beethoven

ベートーヴェンのペダル記号の意味

今ではピアノを弾くとき、ダンパー・ペダルの使用を躊躇することはあまりない。「レガートな表情を出したい」「豊かな音量と音色を得たい」といった目的が正統化され奏者の自由な選択に任されているように思う。しかしこの理解は、モダン・ピアノと同じダンパー機構をもつ楽器が広く普及するようになってから作られたピアノ曲を想定した場合の話である。ここで話題にするのはベートーヴェンのピアノ・ソナタだ。例えば、世界中で最も広く使われている原典版と銘打たれた楽譜でペダル記号を探してみると、初めて使われているのは「ピアノ・ソナタ第12番」Op26、いわゆる《葬送行進曲付きソナタ》第1楽章第5変奏最後の第216小節なのだ。*pp*からクレッシェンドして最後は*p*で終わる4小節間踏み続ける、という指示である。第1楽章では唯一、この1カ所だけに指示されている。これ以前にベートーヴェンは作品番号付きソナタを11曲書いているが、こうした指示はここが初めてである。同ソナタの第2楽章スケルツォでは全く使われないが、第3楽章の《葬送行進曲》では第31、32、35、36小節と、楽章終止の第74小節の計5カ所に見られる。そして、第4楽章では最後の第166小節1カ所だけで、*pp*での終止の第169小節までの4小節間踏み続ける、という指示である。

ベートーヴェンのペダル用法でいつも話題になるのは、《月光》の愛称で知られる「第14番（幻想曲風ソナタ）」Op27-2の第1楽章開始冒頭の“*sempre pp e senza sordino*”指示である。直訳では「常にピアニッシモでソルディーノ（弱音器）なしで」となるが、これは弦の共鳴を抑えているダンパーを弱音器と見なしたもので、意図された意味は「ダンパーを弦から離して」ということである。現在のピアノでいえば、右側のペダルを踏み続けて、ということになる。しかし、この表記は《月光》ソナタだけではなく、前述の「葬送行進曲付きソナタ」や「第13番（幻想曲風ソナタ）」Op27-1でも同じ表記による指示がある。「第13番」は全4楽章がすべてアタッカ（続けて演奏）される構成なのだが、唯一のペダル指示は第1楽章終止、第86小節の*pp*によるフェルマータされた主和音だけで、全曲中でこの1カ所なのだ。これらの指示は、現在の楽譜ではすべて飾り文字による“Ped”記号であるが、初版譜ではすべて“*senza sordino*”であり、この操作の終わるところには“*con sordino*”と指示されている。実は、これらのソナタを作曲していた時期のベートーヴェンが使っていたフォルテピアノには足踏み（ペダル）操作のダンパーはなく、すべて膝梃子（ニー・レヴァー kneelever、クニーヘーベル Kniehebel）での操作であった。つまり、ペダル操作のようにつま先で頻繁に、そして機敏に操作できるものではなかった。しかも、使用箇所を見るとすべてが*pp*のような弱奏部であり、これは単に響きの延長を意図したのではなく、音色的効果と静かな音量の減衰さえ想定されていたのではないだろうか。

ベートーヴェンが1803年頃から使用し、中期の傑作群を生むことになるエラール製ピアノ。これ以前に使用していたピアノは、残念ながら現存していないようだ

今回は、初の短調によるヴァイオリン・ソナタである「第４番」と、まるで交響曲のような充実した構成、そして多くの人々に愛される名曲である「第５番《春》」を取り上げる。2曲には大きなコントラストも見出せる。

第13回

楽曲名	調	作品番号	作曲年	出版年	編成
ヴァイオリン・ソナタ第４番	イ短調	Op23	1800～1	1801	vn, p
ヴァイオリン・ソナタ第５番（《春》）	ヘ長調	Op24			

古典的、かつ実験的短調で書かれた「第４番」

――前回取り上げた「実験的ソナタ様式期」に書かれた3曲のピアノ・ソナタ（第13～15番：Op27-1&2、Op28）では、第1楽章にソナタ形式を使わずにソナタを創作。その少し前に、ベートーヴェンはヴァイオリン・ソナタにおいても新たな試みを展開し、その手腕を発揮していた。今回は「第４番」Op23と「第５番《春》」Op24を検討していく。

小山　「第４番」はヴァイオリン・ソナタとしては初めて短調で書かれていますね。しかも、「第３番」まではピアノが主導権を握り、ヴァイオリンはあくまでもオブリガート……という印象が強かったですが、このソナタからはヴァイオリンの位置づけがより高められたような気がします。

平野　そうですね。また同時に、楽器間や楽章間のリズムや和声の「コントラスト」ということも意識していたようです。特にこの時期は、短調と長調という響きのコントラストによる2曲セット、というものが書かれています。前回見たOp27の2曲のピアノ・ソナタ（第13番、14番《月光》）は変ホ長調と嬰ハ短調という減3度の組み合わせですが、今回のヴァイオリン・ソナタはイ短調とヘ長調という長3度の組み合わせとなっています。

小山　ベートーヴェンの中に、コントラストの明確なソナタを書くことへのこだわりがあったのですね。そういえば、「第4番」はすべての楽章が*p*や*pp*で終わりますが、「第5番《春》」は華やかに終わっていますね。それから、「第4番」はベートーヴェンにしては音が少ない。譜面上はあっさり見えるのですが、カノンや対位法の要素がふんだんに使用されています。かなり格調高いソナタ、というか古典的な雰囲気の漂うソナタです。

平野　前回見た3曲のピアノ・ソナタは、「実験的ソナタ様式期」の作品で、特にテクスチャー（各声部相互間の綾織）やソノリティ（響きの強弱や音色、透明度）において、Op27-1（第13番）は古典的、Op27-2（第14番《月光》）はロマンティックな表情をもつという対照的な2曲がセットになっていましたね。このように調だけではなく、様々な構成要素にも入念な仕掛けが施されているのです。

小山　ヴァイオリン・ソナタ「第4番」は第1楽章がプレストで始まっていたり、主題もどこかロンド風だったり、再現部がいきなり*ff*で唐突に開始するなど、古典的と言いつつ、やはり彼らしい革新性にも満ちていますよね。

平野　構造自体が面白いソナタでもあります。第1楽章は厳密なソナタ形式からは少し外れたものになっています。提示部が69小節なのに対し、展開部が94小節あり、提示部より展開部が圧倒的に長いのです。これは古典派のソナタではまず見られないことです。普通なら展開部は提示部の半分から6、7割の長さ。しかも、このソナタは再現部が58小節で書かれているのに、コーダが31小節もあるのです。4部構造に近い書かれ方をしています。

小山　それから再現部に入る前、135小節のところにフェルマータがあり、このあとすぐに再現部にいくのかと思いきや、そうではないのですよね。思わせぶりのある挿入部も面白いなと。聴き手を驚かせようという意思の見えてくる部分がとても多いですよね。こういうところは演奏者にとっても個性を出しやすいところかなと思います。

平野　楽章終わりに、不意打ちのように休符が連発す

［譜例①］「ヴァイオリン・ソナタ第４番」第１楽章終止まで

るのも面白いですね【譜例①】。色々な驚き、展開の工夫、予測のつかない変化がありますが、これはやはり、このプレストのテンポならではの魅力かなと。ゆっくりなテンポ設定だと、この曲の楽想はダレてしまいますね。

小山　確かにそうですね。次々と変わっていく、その変化が素早いテンポの中で行われるからこそ、驚きや感動がより伝わってくる感じがします。

平野　ところでこの曲は、第2楽章が同主長調のイ長調で書かれていますが、これはベートーヴェンにしては珍しいですね。Andante scherzoso（アンダンテ・スケルツォーソ：ゆるやかにたわむれるように）という指示も面白いですね。通常ならば、Scherzando（スケルツァンド：たわむれるように）という書き方をするのですが、この楽章は2拍子で書かれていて、3拍子が一般的なスケルツォとは別の形式構成であることを明確に区別したい、というベートーヴェンの強い意思が窺えます。それにしても、わざわざ小節線を挟んでの2音のリズムが面白いですね。

小山　ヴァイオリンとピアノ、二人のプレーヤーの演奏というよりも、ヴァイオリン、右手ピアノ、左手ピアノ、の三人で演奏しているような曲ですね。パートの独立性が強まっている感じがします。それからこの楽章は、第1楽章よりもソナタ形式の要素がわかりやすく出ていますが、そう考えると通常は第2楽章に置かれる緩徐楽章がない曲ということになりますね。

平野　そうなのです。どの楽章でも、より室内楽的なテクスチャーが志向されています。形式構成も工夫されています。第3楽章のロンドもかなり変則的な形式で、「A―B―A―C―A―D―A―B―C―B―A」となっています。特にコラール風になるDのあたりが面白いのです。緩徐楽章がないぶん、その代わりを果しているのかもしれませんね。

「第4番」は構造自体が面白いソナタでもあります。どの楽章においても、室内楽的なテクスチャーが志向され、形式構成も工夫されています

平野　昭

まるで交響曲！《春》の傑作たる所以

――「第4番」のヴァイオリン・ソナタは古典的でありながら実験的な要素も多分に取り入れられた作品であった。そして対照的な性格をもつ「第5番」、通称《春》も当然ベートーヴェンならではの新しさが多分に取り入れられている。

平野　この《春》ですが、冒頭の印象的な主題【譜例②a】は、「第7番」Op30-2【譜例②b】のリズム音型と似ていますね。2分音符、あるいは付点2分音符のあとに16分音符

による律動が続くということで共通しているのですが、実は、こうした開始主題はクロイツェルの「ヴァイオリン協奏曲第2番」【譜例②c】や、さらに、クレメンティの「ピアノ・ソナタ」Op25-4【譜例②d】とリズム音型が似ているのです。これは当時の様々なソナタの開始楽章主題として好まれて使われた、ある種の流行であったのかもしれません。とりわけ、ヴァイオリン音楽で多く見られたようです。クロイツェル、バイヨ、ロードといったパリ音楽院教授たちの執筆したヴァイオリン奏法の影響がここにも表れているかもしれません（60ページ参照）。

小山　これまではピアノが先に旋律を奏して、それにヴァイオリンが追従していくスタイルでしたが、この曲はヴァイオリンが最初に旋律を弾き、ピアノは伴奏にまわっているのです。タイトルは「ピアノとヴァイオリンのためのソナタ」となっていますし、当時の慣例としてはピアノにヴァイオリンのオブリガート、という形式がメインだったわけですが、ベートーヴェンはヴァイオリンとピアノを完全に対等な関係として作曲してしまった。それにしても、《春》は「第4番」に比べて和音がとても多くなっていますよね。低音の効果も高く、オクターヴのユニゾン等々、オーケストラのトゥッティを思わせる部分がたくさんあるような気がするのですが。

平野　オーケストラ的、という点は楽章の配置にも表れています。《春》は、初めての4楽章構成のヴァイオリン・ソナタなのです。「急―緩―スケルツォ―急」と、完全に交響曲や弦楽四重奏に見られる楽章構成になっています。

小山　この曲からはファゴットなどの低音楽器をほうふつと想像させる音色が聴こえてきますし、半音階の活躍もとても魅力的です。これがどこか、風を感じさせるのです……。ベートーヴェンがつけたわけではない《春》というタイトルですが、やはりこの爽やかさ、軽やかさと《春》はすごくマッチしていますよね。

[譜例②a]「ヴァイオリン・ソナタ第5番」冒頭（ヴァイオリン譜）

[譜例②b]「ヴァイオリン・ソナタ第7番」冒頭（ヴァイオリン譜）

[譜例②c] クロイツェル「ヴァイオリン協奏曲第2番」冒頭（ヴァイオリン譜）

[譜例②d] クレメンティ「ピアノ・ソナタ」冒頭

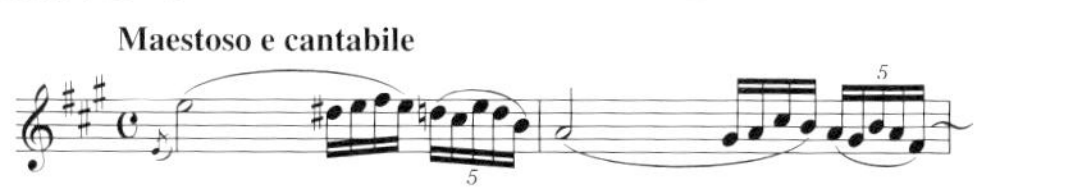

「ヴァイオリン・ソナタ第５番《春》」第１楽章冒頭の自筆譜。ちなみに、《春》とはベートーヴェン自身が付けたタイトルではないが、今日までその愛称で知られている

平野　強弱も興味深いです。当時は上行音型にはクレッシェンド、下行音型にはディミニュエンドをつけて演奏することが普通でしたが、この曲では下行音型に*ff*や*f*が指示されていたり、2音間のスラーにつけられる*sfz*に時折強弱が逆転したりするなど、リズム表現に対する強い意思が窺えます。

小山　*sfz*が2拍目にきているなど、変則的なところが多いですよね。しかもそれが、突然変わるところがたくさんあって。曲の中でもコントラストに対する意識がとても高まっているなと感じました。

平野　第2楽章は第1楽章から5度下がった、サブドミナント調の変ロ長調ですが、中間部で変ト長調、嬰ヘ短調に移行するなど転調が激しく、装飾音符も多くなっています。

小山　その第2楽章はレガートが要求されるカンタービレな曲想ですが、第3楽章はスタッカートが多用されていて、第2楽章とは対照的ですね。ここにもまたコントラストがあります。

平野　第4楽章は軽快なロンドですが、レガート楽句とスタッカート楽句を組み合わせています。《春》は主和音が分散和音で下降するのですが、*ff*で曲を閉じます。一方、イ短調の「第4番」も主和音分散下降なのですが、フェルマータされた主音が*p*で静かに消え入るという終止になっていて、2曲間のコントラストも忘れられていません。

──「作曲家」ベートーヴェンのヴァイオリン・ソナタは、これまでピアノに追従するだけであったヴァイオリンの価値が高められ、劇的な表現力を得ることで、書法的にも音楽的にもピアノとの対等性が強まった。「第1番」から「第9番」まで5年あまり、という短期間で書かれた彼のヴァイオリン・ソナタの激動の歴史が、この「第4番」と「第5番《春》」からさらに動き出していくのである。

「第9番《クロイツェル》」誕生に重要な功績をもたらした「第6番」をはじめ、ベートーヴェンの重要作品に用いられるハ短調で書かれた大作である「第7番」、そして隠れた名曲である「第8番」と、3つのヴァイオリン・ソナタを扱う。

第14回

楽曲名	調	作品番号	作曲年	出版年	編成
ヴァイオリン・ソナタ第6番	イ長調	Op30-1			
ヴァイオリン・ソナタ第7番	ハ短調	Op30-2	1802	1803	vn, p
ヴァイオリン・ソナタ第8番	ト長調	Op30-3			

《クロイツェル》の産みの親?ロマン派を先取りした「第6番」

——ベートーヴェンのヴァイオリン・ソナタは、これまではピアノに対する装飾的なオブリガートの役割しか与えられてこなかったヴァイオリンの価値が高められ、書法的にも音楽的にもピアノとの対等性が強められている。それは前回検討した「第4番&5番」Op23&24からより顕著に見出されるようになったが、今回はそこからさらに発展した手腕を見出すことのできる「第6～8番」Op30の3曲を扱う。

小山 「第6番」Op30-1は演奏機会が非常に少ないですが、大曲だと思います。しかも、この曲の第3楽章には3つ稿があるのですよね。そのうち第2稿がのちの《クロイツェル・ソナタ》に転用されているのはすごいことだなと。

平野 《クロイツェル・ソナタ》はヴァイオリニストのジョージ・ブリッジタワーがウィーンで演奏会を行うために急遽作

Op30の3曲が献呈されたロマノフ朝第10代ロシア皇帝・アレクサンドル1世。この3曲が《アレキサンダー・ソナタ》と言われる所以だ

曲しなくてはならず、時間のない中で書かれたものです。そのため、前年作曲しながらも、結果的に「第6番」には使わなかった楽章が用いられたのです。この「第6番」では、第1楽章の展開部あたりからトリルやシンコペーションが多用されているのは特徴的ですね。この時期からピアノ・ソナタでも音型や旋律線の絡み合いが複雑化していきますし、対位法に対する意識が強まっていたのでしょう。

小山　それが将来的には、フーガに結実していくわけですね。それからこのソナタの第2楽章は、息の長い旋律が歌われていきますが、低音にもとても重要な旋律が与えられていますよね。内声の動きにもピアノというよりはオーケストラ的な響きが聴こえます。

平野　ピアノ・パートを見ると、後半になるにつれて右手の音型がどんどん細分化されていきます。しかも、大きく見ると主題は1つなのに、伴奏音型のリズムが次々に変奏されていくことで大きな変化が行われているように聴こえてきます。これは緩徐楽章でベートーヴェンが用いた常套的な手法のひとつです。

小山　ヴァイオリン、ピアノの右手、左手と各パートの独立性が強まって、自由さとアンサンブルの妙がさらに進化していますね。

平野　それに続く、変奏曲形式の第3楽章はかなり苦労して作ったのではないかと思います。先ほどお話があった通り、3つも稿が書かれたのですから。

小山　この楽章はピアノ・パートの左手のバス声部が素晴らしいですね。ピアノの響きの中にチェロの響きが聴こえてくるようです。

平野　和声的な支えだけではなく、完全に「歌」が聴こえてきますね。変奏に入っていくとそれがより顕著になります。全体的にピアノ・パートの左手が音楽を先導している感じを受けます。

小山　第3変奏は、完全に「線」の音楽ですね。ピアノの右手とヴァイオリンの入りをずらしていたり。完全に対位法を意識して書かれています。

平野　第4変奏のヴァイオリンの技法にも注目したいです。かなり難しい重音が頻繁に奏されていきます。ロマン派以降のものであれば普通に見られるものですが、当時としてはかなり画期的なものだったはずで、モーツァルトやハイドンの作品には見られないものです。

「第6番」に見られる対位法に対する意識はベートーヴェンならでは。
その後の時代を先取りしたような表現も数多く見られます
平野昭

ハ短調の意味、動機の有機性
劇的な傑作「第7番」

――続いて書かれた「第7番」Op30-2は、《春》や《クロイツェル》に次いで演奏されることが多い作品で、《悲愴》や《運命》といったベートーヴェンの特徴的な作品に多いハ短調で書かれているのも注目される。

小山　音型自体は《春》と通じるものがありますよね。力強い性格や、オクターヴのユニゾンの多用などにも関連性があるような……。ただ、《春》が横に流れていく音楽なのに対して、この曲は「縦の音楽」という感じがあります。

平野　確かにそうですね。モティーフが次から次に積み重ねられていきますし、場面転換も明快ですから、やはりそういう印象が強いのかもしれません。

小山　私はこの曲が大好きなのですが、やはり《春》などに比べると、演奏機会は圧倒的に少ない気がします。ピアノ・ソナタもそうなのですが、タイトルのついていない作品というのは、どうしても演奏の機会が少なくなってしまいますよね。

平野　そうですね。しかし、ベートーヴェンの音楽を理解するにあたって、この「第7番」は欠かすことができないと思います。この曲を聴くことで、《悲愴》や《運命》、Op１１１のソナタ（「第32番」）などのハ短調の意味がわかってくると思うのです。

小山　本当にそうですね。ベートーヴェンの音楽は調性のもつ意味が特に深いですから。「第7番」第1楽章の終わりには、軍楽を思わせるリズムが印象的に使われているのですが、それが軍隊や敵が次々に押し寄せてくるような、なにか戦いのようなものを想起させるのです【譜例①】。

平野　ちょうど「ハイリゲンシュタットの遺書」を書く年である1802年の作品ですから、ベートーヴェンの内面の戦いも表しているのかもしれません。

小山　第2楽章はその激しさとは対照的に、穏やかで優しい、アリアのような楽

[譜例①]「ヴァイオリン・ソナタ第７番」第１楽章終止まで

章ですね【譜例②】。同じ変イ長調ということもあって、《悲愴》第2楽章の響きと少し似ているような気もします。それからこの楽章、主題の旋律にはハ音の繰り返しがありますが、その時の和声の変化が本当に素敵なんです。

平野　和声変化もそうですし、やはりピアノ・パートで起きる変化の激しさが目立つようになってきています。ヴァイオリン・パートの長いトリルも非常に効果的で、こういう音型は19世紀以降の協奏曲ではよく出てきますが、この時代ではかなり珍しいものです。やはりベートーヴェンの劇的なものに対する意識の表れが強まっていると思います。

小山　第3楽章でもヴァイオリンの役割が強まっていますね。一見ピアノが引っ張っているように見えるのですが、特に27小節目くらいからはヴァイオリンが先導していて、しかも弾いているのは同音連打だけなのですが、とても印象的に響いてきます【譜例③】。

平野　この曲のフィナーレは、冒頭からかなり面白いです。ピアノ・パートを見るといきなり低音の「シ—ド—シ—ド」音で開始していますが【譜例④】、この半音で揺れ動く音型があら

[譜例②]「ヴァイオリン・ソナタ第7番」第2楽章冒頭

[譜例③]「ヴァイオリン・ソナタ第7番」第3楽章第26小節〜

ロシア皇帝アレクサンドル１世に献呈された３曲のソナタ Op30 のひとつ「ヴァイオリン・ソナタ第７番」自筆譜

ゆるところに現れるのです。これは第1楽章10小節目にあった、ピアノのバス声部の記譜トリル（ドーシードーシ……）から派生したものです【譜例⑤】。22小節目でも聴かれますし、音は「ファ#—ソ—ファ#—ソ」と変わっていますが、82小節目以降では、まずピアノに、次いでヴァイオリンに徹底的な展開材料として現れます。こういう動機音型による有機的な音楽の作り方は、オーケストラ作品ではよく見られま

[譜例④]「ヴァイオリン・ソナタ第７番」第３楽章冒頭

[譜例⑤]「ヴァイオリン・ソナタ第７番」第１楽章第９小節〜

すが、ヴァイオリン・ソナタでは珍しいですね。

小山　そういえば、4楽章構成で書かれた《春》もこの「第7番」も、オーケストラ的なものへの意識が強く表れた作品になっています。

平野　そうですね。そしてこの「第7番」は、同じハ短調の《運命》交響曲より前に書かれた作品の中で、動機で曲全体を有機的に構成していく手腕が特に素晴らしく発揮された曲だと言えるでしょう。

「第7番」は「縦の音楽」という感じがありますね。力強い性格、オクターヴのユニゾンの多用、オーケストラ的なものへの意識……大好きな1曲です

小山実稚恵

各声部の独立性にも注目
小規模の逸品「第8番」

——最後の「第8番」Op30-3は、規模は小さいものの、やはりすでに見てきた2曲と同様に、「ヴァイオリンとピアノ」という二重奏を超え、ヴァイオリン、ヴィオラ、チェロという3人の奏者による演奏や、オーケストラを思わせる書法が見えてくる。

小山　主調がト長調というのが珍しいですし、第2楽章が変ホ長調になるのも特徴的ですね。

平野　3度関係の調配置で、もちろんこれはベートーヴェンが好んだもので、長3度下がるわけですが、♯系から♭系へ、という配置はとても珍しいです。短調作品では常套的ですが、長調作品ではピアノ協奏曲第1番ハ長調が第2楽章で変イ長調を設定しています。

小山　しかも、このソナタは緩徐楽章がなくて、第2楽章がメヌエットになっているのも面白いですし、第3楽章の終結部で、当時のピアノの最低音（47ページ参照）近くの「下一点と音」を後打ちで、しかも*f*で演奏するのもかなり変わっていますよね。やはり、ピアノのサウンドを超えた響きが絶えず想定されているように感じます。

——Op30の3曲のヴァイオリン・ソナタを検討した結果、ピアノとヴァイオリンのやりとりが複雑化し、ポリフォニー性が強まったことはもちろん、とりわけバス声部の独立性の強化によって、室内楽作品としての性格が強まっており、ピアノ・ソナタとはまた違うピアノの書法が浮かび上がってきた。この時期のベートーヴェンの多様性に改めて注目すると、知られざるベートーヴェンの姿をさらに深く見出すことができるのではないだろうか。

「作曲家」としてのキャリアを順調に築き始めたベートーヴェンに襲い掛かった「難聴」。身体の不調に苦しめられつつも、彼の「強く生きる」という意志を反映するかのように生み出された3つのピアノ・ソナタ「第16～18番」を取り上げる。

第15回

楽曲名	調	作品番号	作曲年	出版年	編成
ピアノ・ソナタ第16番	ト長調	Op31-1	1801～2	1803	p
ピアノ・ソナタ第17番(《テンペスト》)	ニ短調	Op31-2			
ピアノ・ソナタ第18番	変ホ長調	Op31-3		1804	

立ち現れる「障害」の数々
意味深長な造形の「第16番」

——器楽曲はもちろん、交響曲やバレエ音楽も書き好評を得たベートーヴェンは、作曲家として順風満帆とも言えるスタートを切ったが、やがて日ごと悪化していく難聴に悩まされるようになる。それはやがて「ハイリゲンシュタットの遺書」を書くことにつながり、前回扱ったOp30（第6～8番）のヴァイオリン・ソナタと今回のOp31（第16～18番）のピアノ・ソナタは、まさにその頃の作品であった。

平野　Op30のヴァイオリン・ソナタとOp31のピアノ・ソナタはどちらも3曲セットで、短調の作品が1曲ずつ入っています。さらにリズムの唐突な変化やリタルダンドなど、共通点が多いのです。

小山　「第16番」は演奏機会が少ないけれど、とても興味深い作品ですよね。ベートーヴェンは縦の音楽だと思うのですが、この曲ではその縦のラインをあえてずらしたりしているのが面白いなと。冒頭のアウフタクトからの音階、シンコペーションや付点の多さなど……。きちんと流れるリズムや拍感はあるけれど、そこに主題の音がピシッとはまってこないですよね。

平野　冒頭主題の開始モティーフ、高いソから下のソまで1

オクターヴの音階下降なのに、途中にまるでモーグル・スキーの瘤《こぶ》のような障害が置かれていて面白いです【譜例①】。そうしたズレだけでなく、調関係も面白いのですよ。ト長調から突然、転調の手続きなしにヘ長調に変わって、またト長調に戻って……。こういう調の移行はそれまでに見られないものです。

小山　主調がト長調なのにヘ長調やロ長調などが出てきて、絶えず新鮮な響きがしますよね。しかも、ヘ音とロ音は増4度の関係ですし……。「遺書」とやや同時期に、このような無邪気な作品を書いていることが非常に興味深いですし、違和感すら覚えてしまいます。

平野　Op31の3曲中、「第16番」だけは遺書を書く前にできているんです。そして遺書を書いたあとに「第17番《テンペスト》」と「第18番」を、ほぼ同時期に書き上げています。しかも、あの「遺書」は最終的に〝これから力強く生きていこう〟という宣言になっているので、決して絶望だけではないのです。

小山　なるほど。絶望というよりも決意表明的なものになっているということですね。

平野　「交響曲第1番」や「第2番」で順風満帆に作曲家としての人生を歩んでいたのに、急に難聴という障害が訪れて苦悩する、その想いを書いてはいるのですが。

小山　そういえばOp30も31も、唐突な転調やテンポのチェンジからレチタティーヴォ風の部分が展開したり……。たしかにこれらの様々な変化が、ベートーヴェンの身に起こっている「障害」の暗示であるとも思えますね。ちょっとこの曲の見方が変わってきました。

平野　第2、3楽章も面白いところがたくさんあります。第2楽章はロンド的な性格と装飾変奏が特徴的で、出だしの長

[譜例①]「ピアノ・ソナタ第16番」冒頭

[譜例②a]「ピアノ・ソナタ第16番」第2楽章冒頭

[譜例②b]「ピアノ・ソナタ第16番」第2楽章第9小節〜

いトリルなどはそれを象徴しています【譜例②a】。

小山　第9小節あたりから左手にも主題が出てきますね【譜例②b】。第1楽章でも左手が主題を演奏する場面が多く出てきましたし、これもこのソナタの全体的な特徴と言えると思います。

平野　終わりの方になるとシンコペーションが多く使われていて、ここでも第1楽章との関連性が見えてきます。また第3楽章を見ると、*sf*と*fp*、またその音だけにつけられた*p*や*f*が多く見られます【下写真（初版）】。アクセント的に強弱を使っていますね。コーダ（終結部）では一度アダージョで主題を出していて、これは《テンペスト》第1楽章にも見られますが、「障害」的なものを表しています。

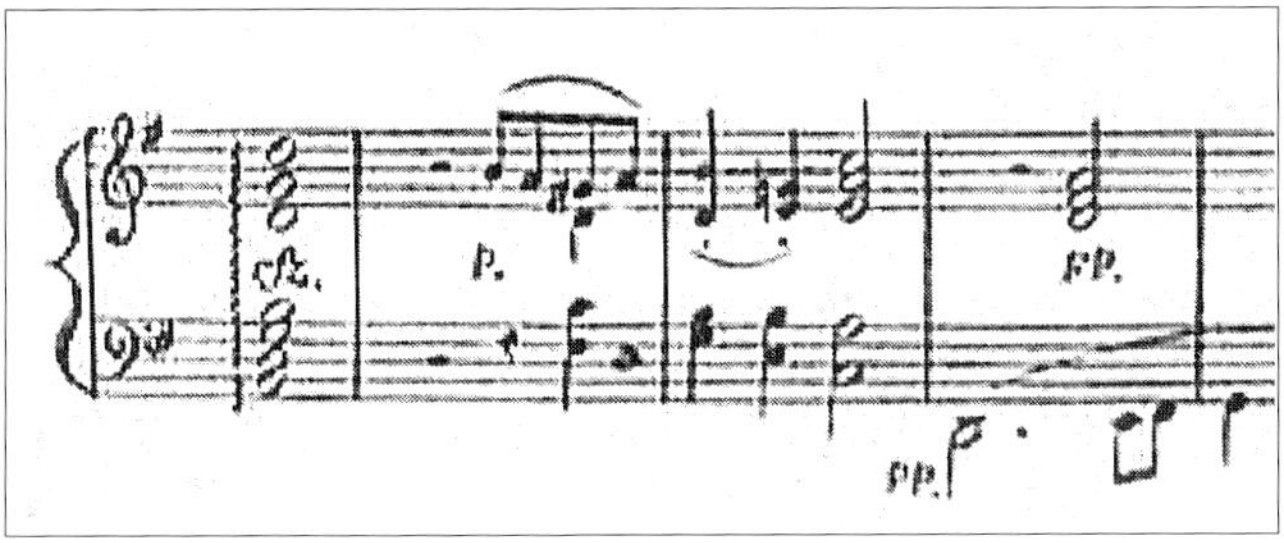

初版「ピアノ・ソナタ第16番」第3楽章より（第235〜8小節）。この楽章には、*fp*や*sf*が頻出するほか、*rfz*や*sfp*も現れる。終止部では、左手と右手、それぞれに細かく*ff*、*f*、*p*、*pp*の指示が入っている

小山　こういったコントラストが、また曲を特徴づけている感じですね。

唐突な転調、テンポの変化……。様々な異質な要素が、ベートーヴェンの身に起こっている「障害」の暗示であるとも思えます

小山実稚恵

頻出するクロイツ音型
人気曲「第17番《テンペスト》」

——今回の曲の中で最も知られている《テンペスト》はドラマ性の強い作品だが、それは曲想そのものだけでなく、様々な部分に凝らされた工夫によって成り立っていた。

小山　最初のアルペジオ。基本型のイじゃなくて嬰ハ、第1転回型で始まっているのが面白いですよね【譜例③】。もし最低音がイだったら、それだけで平凡になってしまう。

平野　そうですね。さらにこの序

[譜例③]「ピアノ・ソナタ第17番《テンペスト》」冒頭

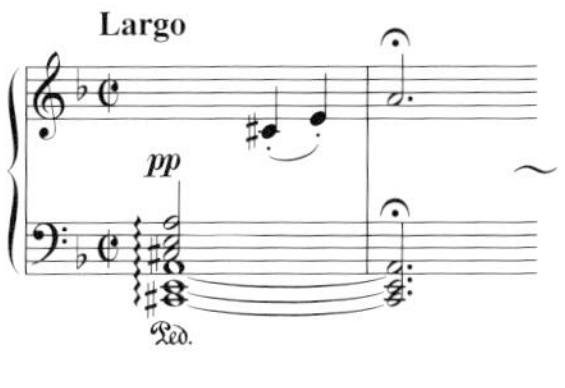

[譜例④a]「ピアノ・ソナタ第17番《テンペスト》」第1楽章第2小節～

[譜例④b]「ピアノ・ソナタ第17番《テンペスト》」第3楽章冒頭

[譜例⑤]「ピアノ・ソナタ第17番《テンペスト》」第1楽章第26小節～

奏には色々な要素が詰まっています。アルペジオのあとの2度下行の連続に注目すると、「ラ―ソ―ファ―ミ」（☆）と「ラ―ファ―ミ―レ」（★）という2つのグループから成っていることがわかります【譜例④a】。そして後者の「ラ―ファ―ミ―レ」には、「ラ―ファ」を下行から上行に変えると、第3楽章の主題になるのです【譜例④b】（★）。

小山　その後に続くもうひとつの主題にクロイツ音型（十字架音型）、「ラ―ソ♯―ラ―シ♭―ラ」が出ているのも特徴的ですね【譜例⑤】。「ハイリゲンシュタットの遺書」の時期にこういう音型が使われているということは、そこにベートーヴェンは何某かの意味を込めていたのではないかと思ってしまうのですが。

平野　第2楽章にもクロイツ音型が出てくるのですよ。ターン[*15]がとても多いのですが、ターンも一種のクロイツ音型ですからね。

小山　Op31の中で、《テンペスト》だけが、第1楽章と第2楽章の調性が長三度下がっていますね。

平野　ニ短調から変ロ長調という、下属短調＝ト短調の平行長調に長3度下がるという、ベートーヴェン流の常套手段です。《第九》もそうなのです。第1楽章と第2楽章がニ短調で、緩徐楽章となる第3楽章が変ロ長調になっています。また《ハンマークラヴィーア》でも、変ロ長調の中にニ短調の響きがキーワード的に出てきます。

小山　本当ですね。そういえば、モーツァルト「ピアノ協奏曲第20番」も第1楽章がニ短調で第2楽章が変ロ長調ですよね。ベートーヴェンはカデンツァも書いているほど好んだ曲ですし、もしかしたら影響があったのかもしれないですね。

平野　それは大いにあり得ますね。因みに、同じ関係の調選択はモーツァルト「交響曲第40番」にも見られ、第1楽章がト短調、第2楽章が変ホ長調になっています。さて、《テンペスト》第3楽章は、主題が第1楽章から来ているということ以外にも、ヘミオラ・リズムが使われ【譜例⑥】、3拍子なのに2拍子のようになっている個所が多いです。ある意味、これも「障害」的なものと考えられるかもしれません。

小山　使われている素材自体は少ないのに、色々なことが起こっていますね。しかも最後の方には下行音型が出てきますが、これって「第16番」ト長調ソナタOp31-1の冒頭と似ていて、ここにも3曲セットのOp31の共通性が見えてきます。

[譜例⑥]「ピアノ・ソナタ第17番《テンペスト》」第3楽章第88小節～

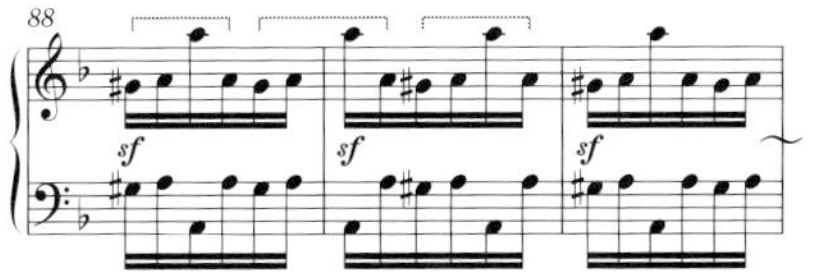

「ハイリゲンシュタットの遺書」は、最終的に〝これから力強く生きていこう〟という宣言になっているので、決して絶望だけではないのです　平野昭

舞曲楽章が2つ？風変わりな「第18番」

――Op31の最後を飾る「第18番」変ホ長調のソナタにも、当時のベートーヴェンの心情を反映した要素が見出される。

小山　優美な作品で大好きなのですが、冒頭から調性が不明瞭で不思議な曲ですよね。リタルダンドが何カ所も出てきて、そのたびに新しい世界に入っていく感じがあります。

平野　Op31はネーゲリ社とジムロック社から出た2つの初版譜があるのですが、特に「第18番」第1楽章を比べると、色々な違いがあるのです。第1楽章の終わりを見てください。ネーゲリ版は*p*で終わっているけれど、ジムロック版は*f*で終わっていますよね。

小山　なんと！　これは大きな違いですね！　ちなみに私が今日持ってきているのはワルナーが校訂したヘンレ版ですが、最後が*p*になっています。私は*f*で弾いていますが、どちらが良い解釈ということになるのでしょうか。

平野　20人くらいのピアニストのCD録音を聴き比べましたが、うち5人は*p*で終わっていて、それ以外は*f*で終わっていました。ここは*f*で弾くべきだと思います。また、もう半世紀以上も前に校訂されたワルナー版第1楽章の終結部

「ピアノ・ソナタ第 18 番」

▶第 1 楽章終止部　**初版**【ネーゲリ社版】

「*p*」で終止。最後から 2 小節目の左手最初の音が誤って「ソ」になっている

▶同上　**初版**【ジムロック社版】

「*F*(=*f*)」で終止。最後から 2 小節目の左手の前半2拍の 8 分音符への「𝄞」が欠落している

▶同上　**現代譜**【B. A. ワルナー校訂／ヘンレ社版をもとに作成】

「*p*」で終止。初版にはない「*sf*」が 2 カ所に記され、右手の最後の和音にシ♭が加わっている

に見られる*sf*は、資料的には全く見られない根拠不明のものです。

小山　第2楽章は下属調の変イ長調になっています。「第16番」のト長調ソナタでも下属調のハ長調になっていましたけれど、「第17番《テンペスト》」では3度下がりです。Op 31では、3曲中2曲の緩徐楽章が5度下がりということになります。しかも、変イ長調は歌謡的な曲に使うことが多いと思うので、こんな快活な曲は珍しいなと。

平野　しかも、通常スケルツォは3拍子なのに、2拍子ですよね。この指示はスケルツォ「風」、つまり、諧謔的とかおどけた性格と思ったほうがいいかもしれません。

小山　第3楽章はメヌエットですね。1曲のソナタの中にスケルツォとメヌエットが並存するのも変わっていますね。

平野　緩徐楽章がないので、その代わりにメヌエットをとてもゆっくり弾く人もいますが、それは少し不自然だし、グラツィオーソという指示のもつ雰囲気がなくなってしまうと思います。

小山　続く第4楽章も不思議な始まり方ですが、この楽章とのつながりを考えると、やはり第3楽章はあまり遅く弾くべきではないと、私も思います。

平野　この曲も、イン・テンポで進行していたものが突然立ち止まるように、唐突とも思えるような休止やフェルマータによる運動停止が出てきて、人生を一度振り返るような意思が透けて見えます。しかも、変ホ長調という英雄的な調を使用していますし、行進曲的な音型も出てきますから、「強く生きていこう」という宣言とのつながりも感じますね。

——「ハイリゲンシュタットの遺書」をベートーヴェンの“決意表明”として捉えながら、Op 31の3曲を見てみると、唐突な変化や強烈な表現の意味がよくわかってきた。さらに新しい作品解釈の可能性も見えてくるのではないだろうか。

＊15
主要音を取り囲むように動く装飾音。たとえば、ターン記号がついている音がドの場合、「レドシド」などと奏する。

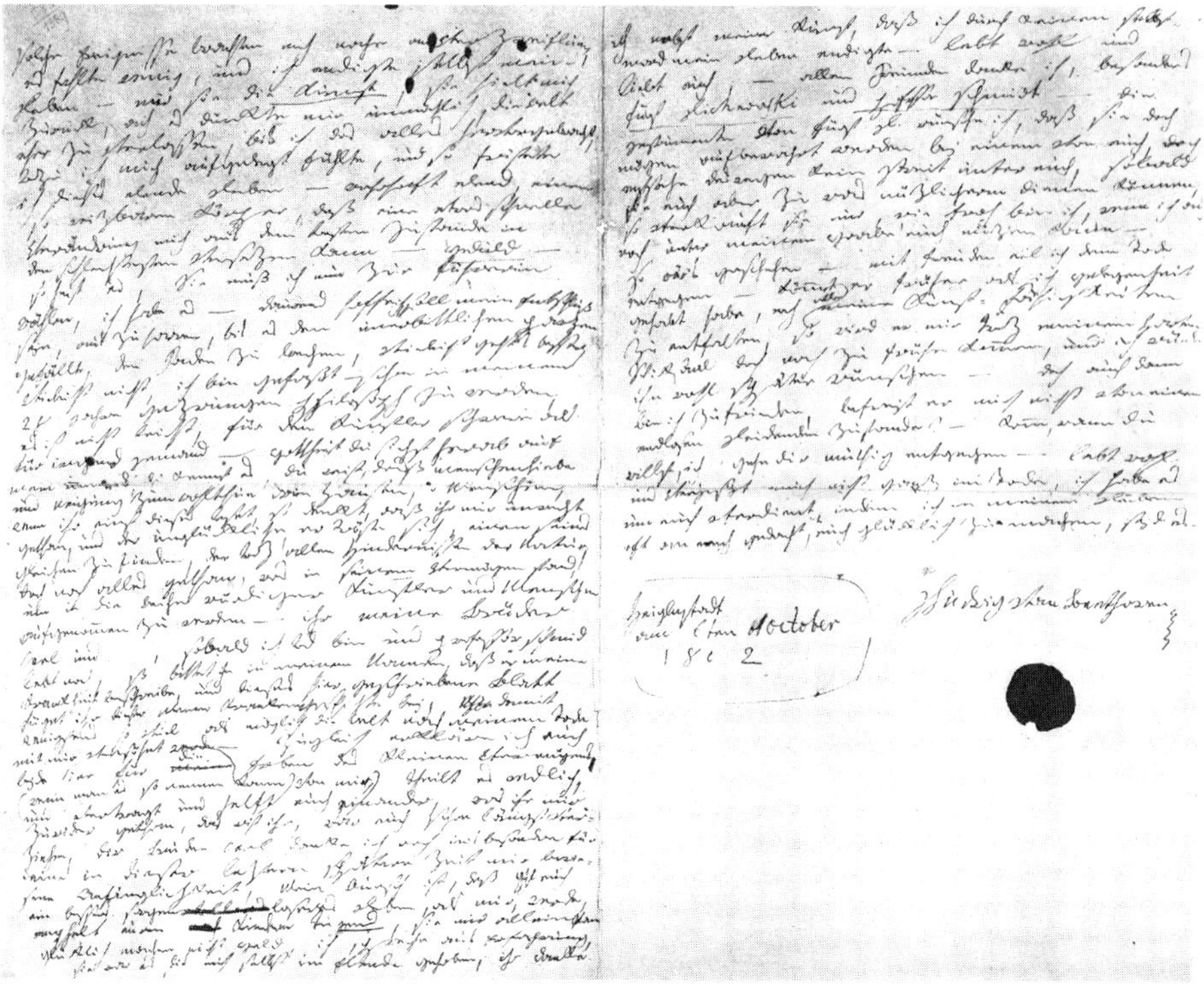

ハイリゲンシュタットの遺言　解説

1802年はベートーヴェンにとって大きな危機の年であった。悪化した聴覚障害の苦悩に耐え切れず自ら生命を絶とうとさえ考えたのか、「ハイリゲンシュタットの遺書」までしたためている。しかし、この「遺書」はよく読めば「遺書」ではなく、天から与えられた人生を生き抜こう、という力強い宣言でもある。文学的に解釈すれば、作曲家として初めての大作で成功をおさめ、順風満帆な人生航路を漕ぎ始めた直後に、突如として聴覚を失うという音楽家には致命的な障害（航路の障壁）と遭遇し、苦悩と葛藤の末にこれを克服していくというドラマトゥルギーを読み取ることができる。

「ハイリゲンシュタットの遺書」〈抜粋〉

「我が弟たち、カールと――ベートーヴェンへ

おお！　お前たち、お前たちは私を悪意に満

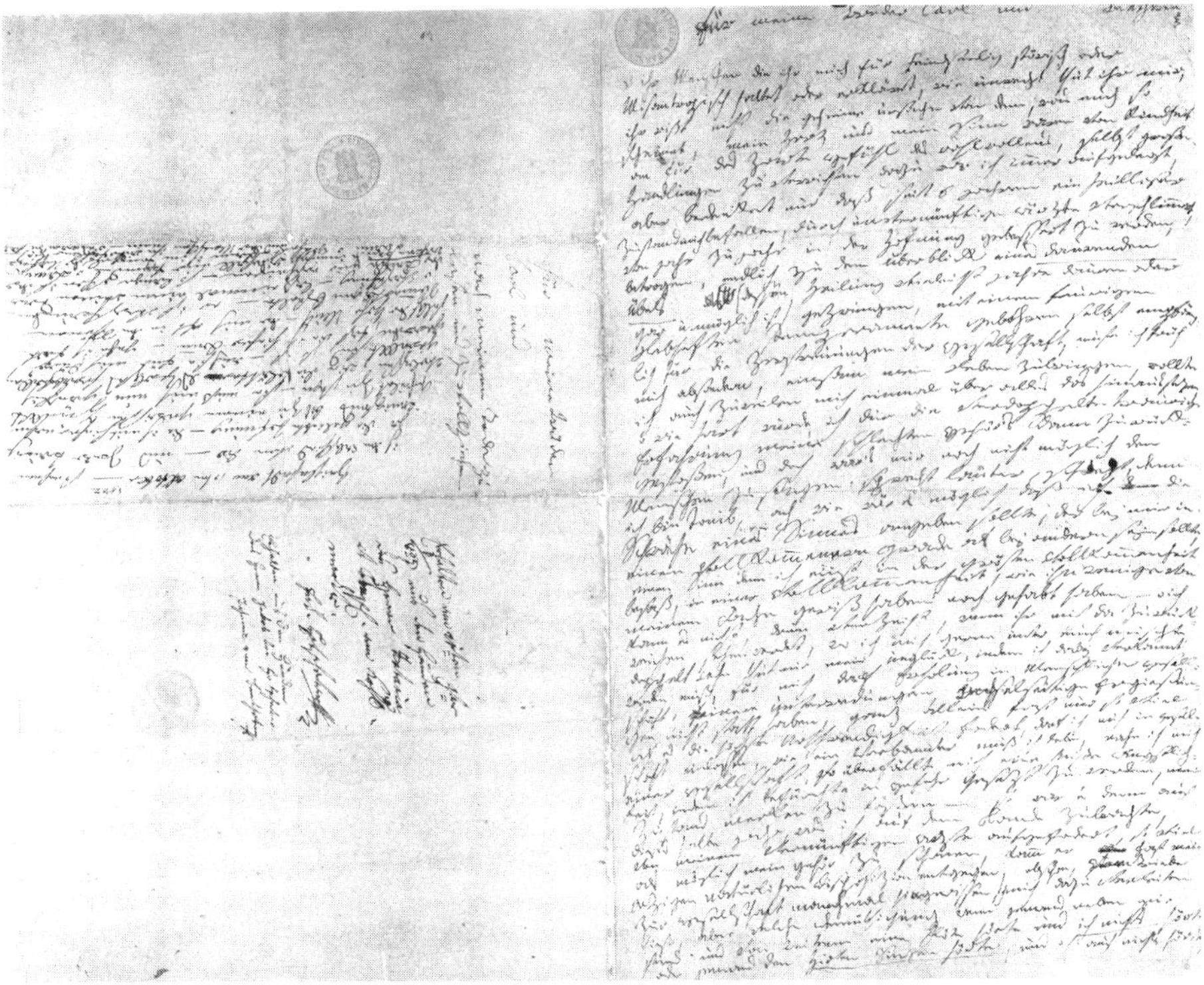

ちた強情な人間嫌いと思い、そのように公言しているが、それがどれほど私に対する不当な扱いなのかわかっているのか。お前たちが私をそう思うには、お前たちが知らない隠された理由があるのだ……」

「……他人と交流したいという気持ち（希望）に負けそうになります。しかし、私の隣にいる人が遠くからの笛の音を聴いていたのに私には聞こえない……（略）…私が神から与えられた自分の中にあると感じているものをすべて出し切るまでこの世を去ることはできない」

「……墓の中にいてもお前たちの助けになることができるとすれば、私は非常に幸せだ。そうさせてほしい。私は喜びをもって死に赴くのを急ぐ。私が自己の芸術的能力をすべて発揮するより前に死が来るとしたら、それはあまりに早すぎる。それが私に課せられた厳しい運命であるにしてもだ。だが、そんな場合でも私は幸せだろう。なぜならそれが、私を果てることのない苦しみの状態から解放してくれないはずはないからだ。死よ、望むときいつでも来るがよい、私は勇敢にお前に立ち向かうだろう」

平野先生の One more point Beethoven

Op31に見るドラマ的ソナタ様式の特性

前述の通り、悪化の一途を辿る聴覚障害はベートーヴェンを大いに苦しめ、1802年には『ハイリゲンシュタットの遺書』をしたためた。しかしこの文章をよく読めば、苦悩だけでなく、それを克服しようという強い意思も記されていることがわかる。ベートーヴェンの音楽における重要な特徴のひとつ、「苦悩から歓喜へ」の精神が、この遺書から見出すことができる。そしてその内的葛藤のプロセスがOp31の３つのソナタの音楽内容にも見てとれるのだ。全体的に共通して見られる特性としては、古典的ソナタ形式のプロセスにとって異質の要素、言い換えれば、前後の音楽的脈絡からは予測できない障害要素が突然現れ、これが最終的には解消されていくという構成である。その異質な要素は様々な形で現れる。そうした障害の典型を拾い上げてみよう。

前述の通り、「第16番」ソナタの冒頭、第２小節の前半が、ト長調の音階下降の障害となっている。しかし、この障害「動機」は主題提示後の推移（第30小節以降）【譜例⑦ａ】や展開部で重要な役割を果たす（第134小節以降）【譜例⑦ｂ】。そして、ト長調ソナタ主題をヘ長調で確保するのも、予期し得ない事件でもある（第12～8小節）【譜例⑦ｃ】。転調で予期できないのは、第２主題（第66小節以降）【譜例⑦ｄ】を長３度上のロ長調で提示しているところにも窺える（後のOp53《ワルトシュタイン》第１楽章でも踏襲され、ベートーヴェンの常套手段のひとつとなる）。同ソナタ第２楽章では、冒頭から長いトリル装飾が出てくるが、楽章を通して細かい音符による装飾が頻出する。この幻想曲風楽章をさらにロマン主義に近づけているのは転調であり、第１楽章同様に遠隔調である長３度下の変イ長調（第36小節以降）が現れる。２カ所の即興風カデンツァ（第26小節、第90小節）は形式プロセス上の大きな障害と言ってよいだろう。第３楽章ロンドでの大きな障害は、終結部の入口に置かれた短い単旋律楽句（第221～5小節）で、声楽的要素（レチタティーヴォ）が割り込まれている。そして、この直後、楽章テンポのアレグレットの流れの中に２カ所のアダージョ（第227～9小節、第233～43小節）がテンポ阻害要素として投げ込まれている。これらの障害は、「第17番《テンペスト》」にも多数認められるものである。「第18番」終楽章での、分厚い和音強打のフェルマータによる運動停止や、予期できない唐突な短い休止符の多用も音楽プロセスの障害となっている。こうした、障害との葛藤や克服によってドラマ的高揚が獲得されている。

［譜例⑦a］

［譜例⑦b］

［譜例⑦c］

［譜例⑦d］

演奏機会には恵まれないが、ベートーヴェンの作曲技法のエッセンスが詰まった《7つのバガテル》Op33と、彼が得意とした変奏曲技法が存分に発揮された2つの変奏曲を検証。晩年作品にも通じる新しい創作手法の萌芽を見出す。

第16回

<table>
<tr><th>楽曲名</th><th>調</th><th>作品番号</th><th>作曲年</th><th>出版年</th><th>編成</th></tr>
<tr><td>7つのバガテル</td><td>——</td><td>Op33</td><td>?1801～2</td><td rowspan="3">1803</td><td rowspan="3">p</td></tr>
<tr><td>創作主題による6つの変奏曲</td><td>ヘ長調</td><td>Op34</td><td rowspan="2">1802</td></tr>
<tr><td>15の変奏曲とフーガ
(《プロメテウス変奏曲》)</td><td>変ホ長調</td><td>Op35</td></tr>
</table>

楽聖のエッセンスが詰まった注目の佳作「7つのバガテル」

——「ハイリゲンシュタットの遺書」を書いた後のベートーヴェンは創作により没頭し、自身の可能性をさらに拡大していった。前回はOp31のソナタ（第16～18番）でそれを明らかにしていったが、今回はOp33から35まで連続して書かれた3つのピアノ曲を扱い、ベートーヴェンの新しい創作スタイルを検討していく。

平野　「7つのバガテル」Op33は見過ごされていますよね。WoO52や53にもバガテルがありますが、あれは明らかにソナタの第2楽章や第3楽章として作りつつ、最終的には外したのだと思います。Op33の7曲も、何かのソナタの楽章を想定して書かれたのではないかという解釈も可能かもしれません。また、1802年に書かれたとされていますが、まとめられたのがこの時期で

[譜例①]「7つのバガテル」第2曲冒頭

あって、作曲自体はもっと前から始めていたと考えられています。

小山　確かに。なんとなくソナタの中にあっても、雰囲気が合いそうな……。例えば、第2曲【譜例①】などは「ピアノ・ソナタ第3番」Op2-3の第3楽章に置かれてもいいような感じもしますね。

平野　わざわざ作品番号をつけて出版しているくらいですから、ベートーヴェンとしては「捨てがたい」と思った作品をまとめたもののはずです。実際、簡単そうに見えますが、内容的には結構とんでもないことが起こっていますよ。

小山　ソナタにはあまり見受けられない音型が散りばめられていますよね。交響曲や木管四重奏曲を想起させるような、あるいは第5曲などはチェンバロで弾いてもいいようなスカルラッティ風の音楽になっているように思えます。また、第1曲での変ホ長調から変ホ短調への転調も珍しいですね。この転調は《悲愴》くらいにしか見られませんから、もしかしたらほぼ同じくらいの時期、やはり１８０２年よりもっと前に書かれたのかもしれませんね。

平野　第4曲【譜例②】はソナタの緩徐楽章としてそのまま使えそうですよね。どのソナタ、とははっきり言えませんが、リート3部形式で非常に充実しています。どちらかといえば、モーツァルト的な性格の曲ですね。

小山　全体的に見てコントラストの強い曲集だと思います。ダイナミクスもそうですし、変ホ長調から変ホ短調、イ長調からイ短調、ハ長調からハ短調と、同主短調への転調が多いので……。

平野　この曲集が今まで書いたものをまとめたものであるとしても、Op33から35まで連続してピアノ曲を書いた、ということは、やはり意味があるのかもしれません。１８０２年は「ハイリゲンシュタットの遺書」を書いた重要な年で、チェルニーが伝えるところによれば、ベートーヴェンは遺書を書いた後に、「今まで書いてきた作品に満足できていないので、全く新しい手法で作品を書いていく」ということを言っていたそうなのです。実際この頃から、「新しい道」様式とも言える創作期に入り、翌年からは「英雄様式期」と呼ばれる創作の爆発的な時期に入りますが、これはちょうどロマン・ロラン（１８６６～１９４４）が言う、「傑作の森」という１８０９年まで続く時期に重なっています。

小山　その「新しい道」が、このバガテルでは転調やリズム、アクセントなどの面白さに出ているということでしょう

[譜例②]「7つのバガテル」第4曲冒頭

か。もっと色々な演奏会で取り上げられるといいなと思います。バガテルだけを集めた演奏会というのも、案外面白いかもしれませんね。

創作主題とかつてない調の変化 2つの変奏曲に見る「新しい道」

――続く「創作主題による6つの変奏曲」Op34は、ベートーヴェンの得意とした変奏曲だが、それまで書いてきたものとは大きく違う。ソナタの中に出てくるものを除けば、自作主題を用いている変奏曲は初めてだ。

平野　まさに「新しい道」を具現化していますね。変奏曲は途中で同主短（長）調になる以外は本来ずっと同じ調で進行していきますが、この曲は第1変奏の時点で主題のヘ長調から3度下がったニ長調、つまり♭1つから♯2つという調に変わってしまうのです。その後も3度ずつ下がっていき、最後の第6変奏でようやくヘ長調に戻るのです。モーツァルトやハイドンの頃には想像もつかないような調の変遷です。

小山　しかも主題が2／4拍子なのに、第2変奏で6／8になったり第3変奏で4／4になったり、拍子がどんどん変わっていきます。小節構造も、2小節ずつを基本にしながら6小節単位のものが入るなど、かなり変則的です。

平野　また、主題を感じられるかどうか、ということは変奏曲では重要なのですが、この曲はかなりわかりづらくなっています。ただ、よく見ると、和声進行自体はどの変奏においても主題のものを保っているのです。旋律変奏というよりは性格変奏と言えるものになっています。

小山　あと第6変奏【譜例③】はコーダがとても長いですね。しかも、途中でAdagio moltoとなります。この部分で主題が回帰しますが、すぐに即興的なパッセージが入ってきて、また変奏されていく。

平野　ある意味、コーダからは第7変奏と言えるかもしれません。最後の4小節で主題がまた戻ってきますしね。

小山　なるほど……。でも、コーダを第7変奏にすると、第6変奏から「ヘ長調→ヘ長調」という、ベートーヴェンとし

	調	調の変移
主題	ヘ長調	主調
第1変奏	ニ長調	短3度下
第2変奏	変ロ長調	長3度下
第3変奏	ト長調	短3度下
第4変奏	変ホ長調	長3度下
第5変奏	ハ短調	短3度下
第6変奏	ヘ長調	主調
コーダ（途中から）	ヘ長調	―

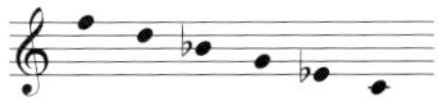

「創作主題による6つの変奏曲」Op34の主題→各変奏曲の調の変遷。古典期の作品からは想像を絶するほど変則的なのだ

ては単純な調の変遷になってしまうので、それを避けるためにコーダにしたとか……。いずれにしても、「新しい道」にこだわっていたということでしょうね。

「創作主題による6つの変奏曲」Op34で示された調の変遷、和声進行を重視した性格変奏などは、まさに「新しい道」を具現化しています
平野昭

中期作品の萌芽かバロックの様式を導入

――それまでの常識を打ち破ることをかなり意識していたことが見える曲であったが、続いての「15の変奏曲とフーガ」Op35は同じく変奏曲でありながら、全く性格の異なるものとなっている。

平野　この曲の主題は、「バレエ《プロメテウスの創造物》」の終楽章である第16曲に使われていたので、《プロメテウス変奏曲》と呼んでいいと思いますが、実はほぼ同時期に、このバレエ曲の前に書かれた《12のコントルダンス》WoO 14の第7曲にも出てくるのです。舞曲、バレエ音楽、この変奏曲、そして最後に《英雄》交響曲と、ベートーヴェンは同じ主題

[譜例③]「創作主題による6つの変奏曲」第6変奏コーダ第17小節～終止（自筆譜）

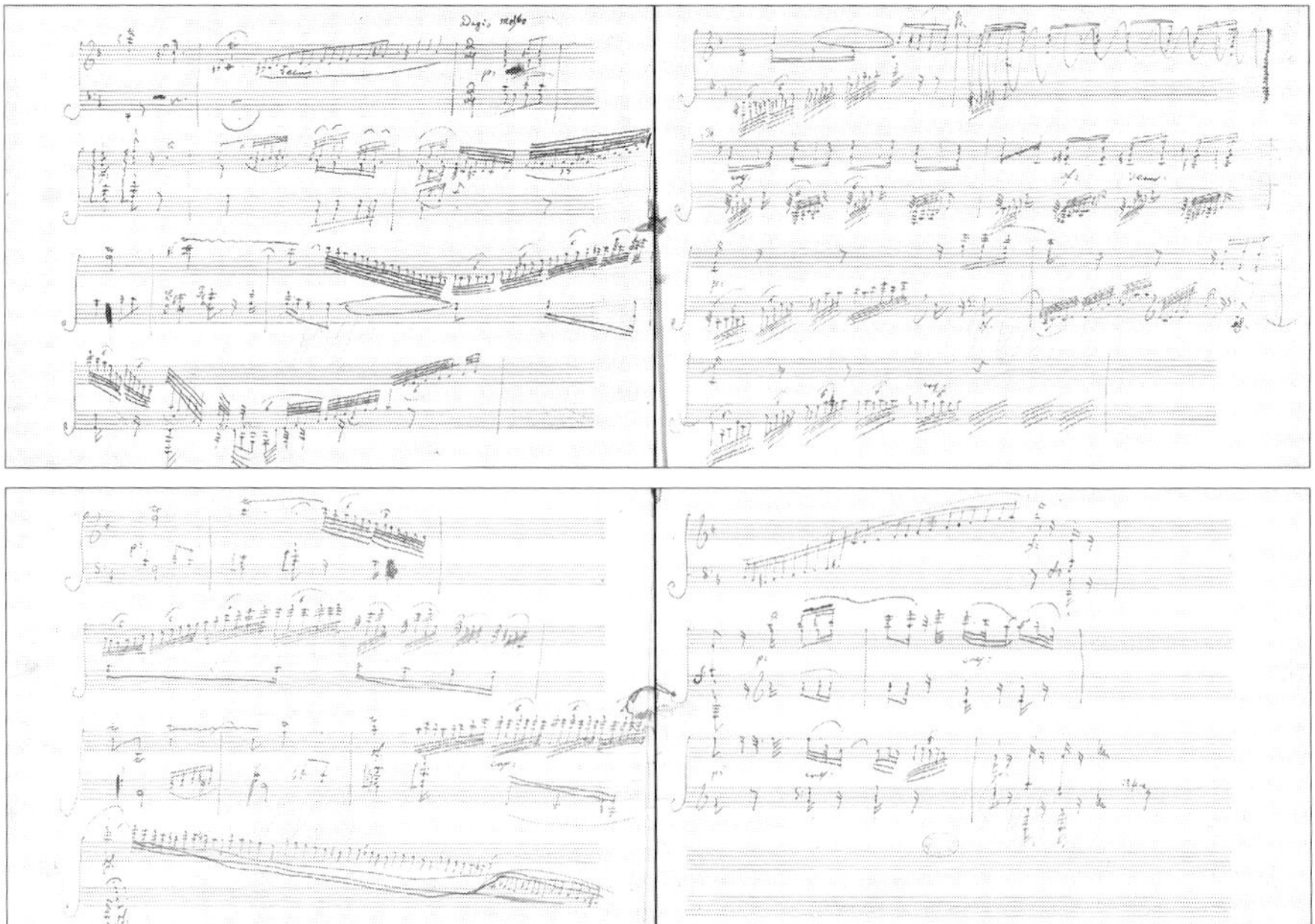

を4回使って創作をしていることになります。従来《エロイカ変奏曲》などと呼ばれていましたが、この変奏曲を作曲しているときにはまだ《英雄》は影も形もありませんので、不適切な愛称でした。最初の舞曲主題の、バスとソプラノを分けて主題として使うというアイディアをよっぽど気に入っていたのでしょう【譜例④】。

小山　序奏がついていたり、最終変奏の後にフーガが出てきたりするのも、当時としてはかなり異質、というか初めての試みで斬新です。

平野　この曲にはボン時代に学んだ通奏低音やJ・S・バッハからの影響が強く表れた、「オルガニスト」ベートーヴェンの要素が出てきていると言えるでしょう。バス主題をオクターヴ奏で強調し、この主題を定旋律として、新たな対旋律を加えながら、順次2声、3声、4声という対位法変奏で発展した後に、初めてソプラノ主題が現れて第1変奏となる。

小山　確かにバロック時代の変奏曲であるシャコンヌやパッサカリアなどは、バス主題を元に次々新しい対旋律が加わっていきますし、序曲もバロック様式に発展したものですよね。

平野　ベートーヴェンは和声法が主流の時代に、バス変奏のバロック的な手法を用いて新しい変奏曲を創り出したと言えるでしょう。そしてフーガを用いることでバロック時代へのオマージュを行っています。

小山　変奏曲のテーマとしてはかなりリズミカルで異質ですが、平行調となる第6変奏のハ短調、第14変奏で変ホ短調に

[譜例④]「15の変奏曲とフーガ」序奏～主題（初版譜）

なる以外、調性は保たれていますし、主題も判別しやすくなっているので、Op34とは対照的ですね。続けて書いた変奏曲でここまで全く違うものが出せるなんて……。しかも続けて変奏曲を書いたというのが興味深いです。

平野　やはり変奏曲が得意だった、というのはあるのかもしれませんね。１７９０年代に書いたものは、ウィーンで人気を博した他の作曲家の劇音楽等から得た主題によるもので、それらではこれほど大きな変化や試みは行っていません。Op34とOp35でようやく自分の主題を用いて、それまでとは全く違うものを創り出したのでしょう。

小山　１８０２年の作品ですが、すでに晩年の作品の芽生えがありますよね。内声のトリルや執拗に繰り返される連打など……。感情の高まりがとてもあって、バロックの様式を用いてはいますが、やはりベートーヴェンの音楽はロマン主義の要素がとても強い。

平野　ベートーヴェンはソナタを32曲（《選帝侯ソナタ》を含めれば35曲）書いていますが、「ピアノ・ソナタ第28番」Op１０１以降のソナタではソナタの中にフーガと変奏曲を融合させようとしていました。これは晩年の弦楽四重奏曲や《第九》でも見られるものです。

小山　様々な試み、自分の新しい創作手法の模索が後期の創作に繋がっていったのでしょうね。

ベートーヴェンがよく用いた《プロメテウスの創造物》の主題。プロメテウスとはギリシア神話に登場する神で、人類に「火」をもたらしたとされる（『プロメテウス像』ニコラス＝セバスティアン・アダム作・1762年・ルーヴル美術館蔵）

「15の変奏曲とフーガ」Op35での様々な試みにも見られるように、自分の新しい創作手法の模索が後期の創作に繋がっていったのでしょうね

小山実稚恵

――１８２０～22年初頭にかけて続けて書かれたピアノ曲はどれも全く違った3つの様相を呈し、ベートーヴェンの創作の幅広さを裏付けている。決して弾かれる機会の多い作品群とは言えないが、改めて見直すことでベートーヴェンの内的変化と書法の変化の関連が浮かび上がってくるかもしれない。

平野先生のOne more point Beethoven

「遺書」以後の劇的転換：「新しい道」、「英雄様式期」、そして「傑作の森」

ピアノの変奏曲ですぐ思い出されるのは、例えば、モーツァルト《トルコ行進曲》がフィナーレになっているイ長調ソナタK331の第１楽章（このソナタにはソナタ形式の楽章がなく、第２楽章はメヌエット、そして第３楽章が行進曲であり、ちょっと変わった作品だ）。また、《キラキラ星変奏曲》の愛称で知られる「《ああ、ママに言うわ》による12の変奏曲」K265などでも見られるように、変奏曲全体が同じ「主音」によってまとめられている。長調の変奏曲なら、どこかに「ミノーレ」という同主短調変奏を、短調の変奏曲なら「マッジョーレ」という同主長調の変奏を１つ、あるいは２つ入れるというのが定型で、それはシューベルトが晩年1827年に作曲した「４つの即興曲」Op142の第３曲、変ロ長調変奏曲（《ロザムンデ》主題）でも踏襲されている。こうしたことから見ても、ベートーヴェンの「創作主題による６つの変奏曲」Op34はきわめて異例だ。主題のヘ長調から第１変奏でいきなりニ長調へ３度下がり、後続変奏も変ロ長調、ト長調、変ホ長調、ハ短調と３度ずつ下がって、最終第６変奏で主調に戻っているのだ。「ハイリゲンシュタットの遺書」（1802年10月6日、追伸10日）を書いた直後の10月18日、ベートーヴェンはライプツィヒのブライトコップフ＆ヘルテル社に宛て、作品売り込みの手紙に「私は今、２曲の変奏曲作品を持っています。両作品とも実に全く新しい手法で作曲したもので（wircklich ganz neue Manier）、さらに、それぞれの作品は異なる流儀（verschiedene Art）で作曲しています」と書いている。この２曲の変奏曲が、Op34とOp35「15の変奏曲とフーガ」（《プロメテウスの創造物》の主題による）である。まず、本来の主題のバス声部だけに焦点を充て、これを定旋律とする対位法変奏的なプロローグを経て変奏主題に至るというOp35の手法と流儀は、翌年から作曲の始まる《英雄》交響曲Op55の終楽章に、全く同じ主題でオーケストラ音楽として応用されることになる【譜例⑤】。

1801～3年にベートーヴェンからピアノを習っていた弟子のチェルニーが伝える師の言葉「新しい道 neuer Weg」とは、まさに「新しい手法と流儀」による創作姿勢であり、1803年に始まる「英雄様式期」に見られる様々な革新と大作群の爆発的な創造でもある。また、この時期はロマン・ロランのベートーヴェン研究で計画されていた５期分割の第２期、「英雄的な年月：1801 ～ 06」に重なる。ただし、この計画は最終的には全7巻に及ぶベートーヴェン研究として発表され、その第１巻（1928年改訂新版『エロイカからアパッショナータまで』）で《英雄》交響曲、《熱情》ソナタとオペラ《レオノーレ（フィデリオ）》論が展開されているのだが、その一節に「傑作の立ち並ぶ森のただ中で《レオノーレ》の第１稿は成長した」とあり、ロランの言う「傑作の森」の中心は1805～6年頃と言ってよいだろう。

［譜例⑤］

第17回

「新しい道」様式を歩み始めたベートーヴェンが伝統と革新を融合させて生み出した「ピアノ協奏曲第3番」と、モーツァルトの影響からスタートし、チェロを非常に充実させて新たな楽曲形式を確立させた「三重協奏曲」を扱う。

楽曲名	調	作品番号	作曲年	出版年	編成
ピアノ協奏曲第3番	ハ短調	Op37	1796〜1803／1804	1804	独奏p, fl 2, ob 2, cl 2, fg 2, hrn 2, tp 2, tim, 弦5部
ピアノ、ヴァイオリンとチェロのための三重協奏曲	ハ長調	Op56	1803〜4	1807	独奏p, 独奏vn, 独奏vc, fl, ob 2, cl 2, fg 2, hrn 2, tp 2, tim, 弦5部

モーツァルトの影響とオリジナリティの共存

――前回は続けて書かれた3つのピアノ独奏曲により、ベートーヴェンの新たな創作手法の模索を見出すことができた。今回は協奏曲という大規模な作品に展開する「新しい道」様式を検討していく。最初に取り上げる「ピアノ協奏曲第3番」は、《悲愴》ソナタや《運命》交響曲と同じハ短調という調性を用いていることもあって、非常にベートーヴェンらしい性格を感じさせる。

小山　とても格調高く、スッキリと美しく、どこか古典的な要素も感じる協奏曲ですが、この曲、第2楽章がホ長調なのですよね。こうやってベートーヴェンは、どこかに必ず驚きを用意してくれている感じがあります。

平野　長3度上げているあたりにこだわりが見えてきます。というのも、この「第3番」の前に書いているのが、「第2番」ではなく「第1番」のハ長調なのです。そこでは、第2楽章が長3度下がった変イ長調になっています。確信犯的に3度関係の調を選んでいると思います。

小山　近い時期に書かれた《ワルトシュタイン》も主調がハ長調で第2主題がホ長調になっていますが、この「第3番」はハ短調なので、より驚きがあります。この作品、「いかにもベートーヴェン」といった主題ですよね。ハ短調からは暗さや哀しみというより、力強さとか切迫感を感じます。

平野　第24小節からオーケストラが変ホ長調で主題を出したあと、バスの声部を見ると「ミ♭ーレーレ♭ードード♭（シ）ーシ♭」と半音ずつ下がっていくのです【譜例①】。いわゆる「ラメント・バス」的な動きをしているのですが、全く悲しみには聴こえないのが面白いですね。

小山　これまで何度もこのコンチェルトを弾いていますが、演奏の度にベートーヴェンの確固とした意思の発露や内面の声といったものが聴こえてきます。書法的には「第４番」もそうですが、和音的というよりは、どちらかといえば単旋律や音階、アルペジオなどが主体になっている。

平野　この協奏曲は１８０３年4月に初演されているのですが、翌年にソロ・パートを書き換えていて、それを踏まえて出版されています。もしかしたら、もともとはもう少し混み入った書法だったのかもしれません。

小山　あとはなんといっても、協奏曲の中で唯一の短調ということです。18世紀の伝統からいえば、ピアノ協奏曲はエンタテインメント的な作品ジャンルですから、基本的には長調のものが多いですよね。モーツァルトも短調のものは2曲（「第20番」ニ短調Ｋ４６６、「第24番」ハ短調Ｋ４９１）しか書いていませんし。

平野　モーツァルトの協奏曲について、ベートーヴェンはニ短調の協奏曲は好んで弾いていましたが、ハ短調はあまり好きではなかったみたいです。

小山　ハ短調こそ、ベートーヴェンの調、という感じなのに意外です。でも逆に言えば、だからこそ、自分で納得のいくようなハ短調の協奏曲を書いた、と考えられますよね。

平野　「第3番」冒頭は、モーツァルトのハ短調ソナタ（Ｋ４７５）に似ていますよね。スケールの使い方などにも共通性がありますし……。「自分なりのハ短調協奏曲」を提示した作品なのかもしれません。

小山　調選択はかなり革新的ですが、全体的なスタイルは古典的。テクニックもよく整頓されていて、モーツァルト風のところが多く見受けられますから、かなり彼を意識しつつ作曲していたと思われますが……。ちなみにこの「第3番」、ベートーヴェンとしても自信作だったのでしょうか。

平野　そうだと思います。ちなみに

[譜例①]「ピアノ協奏曲第３番」第１楽章第28小節〜（第１ヴァイオリン、チェロ／コントラバス　パート）

「第3番」は１８０３年に一応完成しましたが、１８００年4月2日に「交響曲第1番」の初演を行った際に演奏することを計画していたのです。ただ、さすがのベートーヴェンも、ハ短調の第1楽章から第2楽章でホ長調にいくという調進行が受け入れられるかどうか不安で尻込みしたのか、結局その時は「ピアノ協奏曲第1番」を演奏しましたが……。いずれにしても、１７９５年に「第1番」と「第2番」ができていて、「第3番」はその翌年くらいから書き始めているので、とても長く創作に取り組んだ作品ということになります。

小山　なるほど。１８００年の段階で人前に出せるところまでできていたのですから、その後も練りに練って、１８０３年に完成したときにはかなりの自信作だった……。

平野　この協奏曲に限らず、3度という関係の調配置はベートーヴェンの専売特許のようになっていますが、実はこれはすでにモーツァルトが行っていたことでもあるのですよね。それこそベートーヴェンが好んでいたニ短調協奏曲も、第2楽章は長3度下の変ロ長調、またト短調交響曲（Ｋ５５０）も第2楽章は変ホ長調になっています。

小山　どちらもロマンティックな部分をもった曲ですよね。音楽そのものだけじゃなくて、調の選択も大きく関係しているのですね……。いわゆる古典的でないモーツァルトの作品からこれだけの影響を受けている、というのはとても興味深いことですね。

平野　ベートーヴェンは協奏曲を、エンタテインメント的なものから、シンフォニックな作品にしようとしていました。「第3番」は、モーツァルト的な伝統が残っていた最後の曲と言えるでしょう。

小山　確かに。「第4番」や「第5番《皇帝》」と比べてみると、「第3番」はモーツァルトの残像を感じます。そして全く性格の違う作品ですから。

平野　この頃になると聴衆の「聴き方」も変わってきていて、どれだけ華麗なカデンツァを即興で聴かせてくれるか、というところへの期待から、ソロとオーケストラのやりとりや、オーケストラ音楽としての響きの充実やバランスというものに注目するようになるのです。

小山　その流れはシューマンやブラームスの協奏曲に受け継がれていきますね。この「第3番」は協奏曲というジャンルそのものの「分岐点」と言えるかもしれません。

> モーツァルト的な伝統が残っていた最後の曲……「ピアノ協奏曲第3番」は協奏曲というジャンルそのものの「分岐点」と言えるかもしれません　小山実稚恵

チェロ・パートの充実
ベートーヴェン流協奏交響曲？

——続いて取り上げるのは「三重協奏曲」。「新しい道」を模索し、創作において様々な工夫を行っていたベートーヴェンらしい、挑戦とも言える作品だ。

小山　この曲はこれまでに3回、しかもすべて違うオーケストラ、共演者と演奏したことがあります。そしてまた2020年秋にも東京都交響楽団さんと演奏する予定があります。それにしても、この曲は「三重協奏曲」＝トリプル・コンチェルトと言いつつ、チェロ協奏曲的な要素が強いですよね。チェロが圧倒的に難しいのです。冒頭から音域も非常に高いですし、全編にわたってチェロが大活躍。チェリストの方は皆さん「大変だ、大変だ」と仰います。

平野　それまでバス楽器というイメージの強かった楽器を、ここまでフィーチャーして書いているのは非常に面白いことですよね。ちなみにベートーヴェンは、この作品と《英雄》交響曲、《クロイツェル》ソナタを持ってパリ旅行することを計画していました。1802年にアントン・ライヒャ（レイハ）（1770～1836）とウィーンで再会したことがきっかけでした。ライヒャは、ベートーヴェンと同じ年で、ボン時代には一緒にボン大学に通い、また宮廷楽団の同僚でもあった作曲家なのですが、彼が活躍していたフランスでは、サンフォニー・コンセルタント（協奏交響曲）が流行っているから、パリに来る時にはぜひ作曲するようアドヴァイスしたのではないかと思います。ただベートーヴェンは、「サンフォニー・コンセルタント」がどんなものなのかをほとんど知らなかったので、ひとまず複数のソロ楽器をもった

楽章ごとの3度関係の調配置はベートーヴェンの先達、モーツァルトがすでに行っていた。彼のロマンティックな面とあわせて、多大な影響を受けていると言ってよいだろう

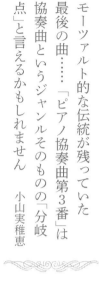

協奏曲、ということでピアノ・トリオを独奏楽器群としてオーケストラと共演させる作品を書いたのです。

小山　ピアノ・トリオと言いつつ普通のトリオとは違う、やはりチェロの活躍ぶりが凄いので、ピアノはどうしたらいいのか、実はいつも悩みます（笑）。チェロのあとに同じようなパッセージをピアノで弾くと、音色がなんだかとても単純に拙く聴こえてしまって……。ピアノ・パートが単純なだけに、ヴァイオリン・パートもチェロほどではないですが複雑に書かれているので、2つの楽器の掛け合いをピアノが支える、というイメージですね。むしろ、ピアノはオーケストラの一部と考えてもいいかもしれません。

平野　ライヒャから聞いた情報だけで、チェロにこれだけ重きを置いた作品を書いているわけですから、ある意味かなり実験的な要素が強いですね。もしかしたら、ウィーンにいたチェリスト、アントン・クラフトやヨゼフ・リンケといった人たちを想定していた可能性もあります。すでにジャン＝ルイ・デュポールのためにチェロ・ソナタを2曲書き上げているので、チェロのソロ・パートの書法には自信があったはずです。高い音域をよく使って書いているのも、その自信の表れかもしれません。ちょっと乱暴な見方をすれば、ピアノとヴァイオリンのオブリガートを伴うチェロ協奏曲という感じもします（笑）。すべての楽章の主要主題提示をチェロが中心に行っていますし。

「三重協奏曲」はある意味かなり実験的な要素が強いですね、ピアノとヴァイオリンのオブリガートを伴うチェロ協奏曲という感じもします

平野昭

――今回取り上げた2つの「協奏曲」の中で、ベートーヴェンは調や楽想、楽器の選択と活躍のさせ方など、様々な実験を試み、それを見事に成功させた。ひとつの「分岐点」となったこれらの作品以降、ベートーヴェンの音楽はさらに進化を遂げていくのである。

第18回

最初のヴァイオリン・ソナタの作曲から、わずか5年強で至った境地に驚かされる9番目のヴァイオリン・ソナタ《クロイツェル》。革新性と卓越した書法が詰まったこの作品を今回は存分に語ってもらう。

楽曲名	調	作品番号	作曲年	出版年	編成
ヴァイオリン・ソナタ第9番(《クロイツェル》)	イ長調	Op47	1802〜3	1805	vn, p

破格、斬新の極み 5年強で至った高峰

――「新しい道」を求め、創作を行っていたベートーヴェンは、当時としては前衛的とも言える革新的な書法により作品を生み出していった。その中でも今回扱う「ヴァイオリン・ソナタ第9番」Op47、通称《クロイツェル》は突出した存在であろう。最初にこのジャンルを手掛けてから5年強という期間でこの領域に達してしまった、ベートーヴェンの凄さを改めて解き明かしていこう。

平野　1803年に作曲された《クロイツェル》ですが、江戸時代に突然洋服を着た人が登場したような驚きがありますよね。1797（もしくは8）年に「ヴァイオリン・ソナタ第1番」Op12-1を書いてからたった5年ちょっとで、追求していた理想とするものに早くも到達したのです。なので、このジャンルの作曲をしばらくやめてしまったのだと思います。もちろん後に「第10番」は書かれていますが、これはピエール・ロードがウィーンに来るから、ということで作っています。もしもこういう特別な出来事がなければ、書いていなかったかもしれません。

小山　実際、作品にものすごい「密度」がありますよね。それまでに書かれたヴァイオリン・ソナタと比べると、その進

化の度合いは目を見張るものがあります。しかも、主題をヴァイオリン独奏で始めることも驚きですよね。重音奏法ですし……。それまでの曲はピアノから開始、あるいはピアノと一緒に、というのが普通でしたから相当革新的なことだったはずです。

平野　その通りです。そしてこの作品でもうひとつ重要なことは、第3楽章はもともと「ヴァイオリン・ソナタ第6番」Op30-1の終楽章として書かれたもので、「第6番」の終楽章としては重すぎて採用しなかったものを再利用していることです。当時、イギリスの名ヴァイオリニストであるジョージ・ブリッジタワーがウィーンに来るからということで作曲を勧められたものなのです。

小山　使われずにいたものを使って、第1、2楽章を足すという書き方ということで、ある意味結果から創り出されたソナタですから、全楽章を通して、主題的な関連がとても緊密になっているのですね。

平野　これほど各楽章の関連性が強い作品というのは、そう多くありません。

「ヴァイオリン・ソナタ第1番」を
書いてからたった5年ちょっとで、
ヴァイオリン・ソナタの理想とするもの
に届いたのです
平野昭

献呈者と初演者が違う？ 話題だらけの《クロイツェル》

平野　このソナタ、ロドルフ・クロイツェル（1766～1831）に献呈されたので《クロイツェル》ソナタと呼ばれていますが、彼は1回もこの曲を演奏していないのです（笑）。

小山　そうなのですよね（笑）。ただ、クロイツェルをはじめとしたフランスのヴァイオリニストたちの奏法は、この作品にとても影響を与えていると思います。

平野　そうですね。そしてこの曲を初演したブリッジタワーの奏法も、恐らくフランス・ヴァイオリン楽派に属するものだと思われます。ベートーヴェンのヴァイオリン・ソナタの中には、フランス音楽からの影響が強い作品が実は多いのです。ちなみに、なぜこれが初演者のブリッジタワーに捧げられなかったかというと、彼とベートーヴェンはある女性を巡って喧嘩になり、ブリッジタワーがウィーンを離れてしまったかららしいのです。

小山　そんなエピソードがあったのですね。それにしてもこの曲は、ヴァイオリニストにとって様々な技巧を要求される曲ですが、ピアノの書法もとても凝っていますね。この時期は、一般的にはヴァイオリン・ソナタでヴァイオリンは伴奏

「ヴァイオリン・ソナタ第９番《クロイツェル》」の初期スケッチ。出版（1805年）にあたってベートーヴェンは修正を加えている

献呈者ロドルフ・クロイツェル（上）と初演者ジョージ・ブリッジタワー（下）。彼らとこの曲をめぐるエピソードもきわめて充実

に徹するか、単なるオブリガート……というスタイルがまだまだ主流だったはずですが、《クロイツェル》はヴァイオリンとピアノが完全に対等の対話をしています。だから、どちらかが欠けても成立しないのです。

平野　二重奏でありながらも、それ以上の室内楽としての響きをもっています。また、初版譜には明確に「きわめて協奏的スタイルで書かれた、協奏曲のようなソナタ」と記されています。ですから通常の室内楽の域も超えています。第1楽章の小節数がなんと599！とんでもなく長いのです。これも通常のソナタからすれば、ありえない。交響曲ですら、600に近づくと長いと言われていましたから。調もイ長調であるにも関わらず、第2楽章がヘ長調と長3度下がっているのですよね。ベートーヴェンはこれを短調のソナタでよくやっていますが、長調で長3度下がるのは珍しい。

小山　イ長調といえば……私、《クロイツェル》がイ長調ソナタだということがあまりしっくりこないのです。どうもイ短調だという意識が強くて。実際第1楽章の最後もイ短調で終わっていますし……。確かに序奏部はイ長調ですが、主部のプレストからはイ短調ですし、ずっと不思議なのです。

平野　そうですね。イ長調の第3楽章がすでにあった、ということも考えられますが、他の作品を考えるとそれだけの理由ではないようです。例えば、「ピアノ・ソナタ第32番」や《運命》交響曲は終楽章がハ長調ですが「ハ短調」とされていますし、《第九》もニ長調で終わりますが、第1楽章がニ短調で、こちらも「ニ短調」となっています。

小山　その流れでいくと、やはり《クロイツェル》は「イ短調」とすべき、とも言えますよね。

その書法、音楽的充実は後期の作品に匹敵！

小山　さらに不思議なことがあります。この曲、ピアノ・パートを見ると後期の「三大ソナタ」に匹敵する内容と音型で書かれていると私は思うのですが、ピアノ・ソナタでは《ワルトシュタイン》くらいの時期なのです。私は明らかに《ワルトシュタイン》等のソナタより、この《クロイツェル》のピアノ・パートのほうが成熟しているのではと思うのですが……。特に第2楽章の主題【譜例①】などを弾くと、強くそれを感じます。だとすると、ピアノ・ソナタでは後期の作品のようなものが作れたはずなのにあえて作らなかったのかな、と……。

平野　確かに不思議ですね……。それもあって、私は彼の創作の進化について、それぞれのジャンルを「登山」のように捉えています。「ヴァイオリン・ソナタ」の登頂はA山、「ピアノ・ソナタ」の登頂はB山……というように。それぞれ個性的な高峰への登頂にベートーヴェンは大きな達成感を覚えていたはずです。ヴァイオリン・ソナタは5年ちょっとで9曲書いて、そのあと10年は次のものを書かず、ピアノ協

[譜例①]「ヴァイオリン・ソナタ第9番《クロイツェル》」第2楽章冒頭

BEETHOVENSTADT
BONN

奏曲も１８０９年で終わってしまいますよね。そして交響曲も、１８１２年に「第８番」まで書いてしまいます。《第九》を書くまで12年もの長い年月が空くのです。なぜかと言うと、ベートーヴェンとしてはやはり、「これで一段落」したと感じているからなのです。「交響曲第８番」でも彼は達成感を覚えていて、「これだけのものが書けたのだからいいだろう」という想いがあったのです。やはり彼にとって、《クロイツェル》はヴァイオリン・ソナタというジャンルにおける完成であり、そこでできるものをすべて出し切ったのでしょう。

小山　ベートーヴェンにとってピアノは身近すぎる楽器なので、ピアノ・ソナタに関しては時間をかけて取り組みたかったのかもしれませんね。自分の世界に没入しやすかったということもあるのでしょうか。そして他の楽器を含むものは、楽器の音色や奏法からのインスピレーションを受けて、成熟も早かったのかもしれません。

平野　それにしても不思議ですね、この時にはまだ《英雄》交響曲を書き始めたくらいの時期なのです。そんなときにこの領域に至ったというのは、やはり凄いですよね。

小山　不思議と言えば第３楽章なのですが、これを利用して作曲し直すにあたって、第３楽章の改訂はどれくらいしたのでしょうか。

平野　どうでしょうね……ブリッジタワーがウィーンに来てコンサートをする、ということを知ってから２カ月くらいしかないので、あまり直せなかったはずです。だからほぼそのまま流用していると思います。最近の研究では、第１楽章と第２楽章は５月になってからの作曲であった可能性が高くなっています。初演は５月24日ですから、すごいピッチでの作曲だったのでしょう。

小山　この時期にベートーヴェンがやっていたことは、実験的なソナタ創作による改革ですよね。色々なジャンルのものが積み重なっているというか……ピアノでやったものがヴァイオリン、ヴァイオリンでやったものが室内楽や交響曲になって。だからこそピアノ・ソロの作品がゆっくりと進化したのかもしれません。

平野　そこがベートーヴェンの凄さの重要なところでもあります。普通の作曲家ならば、ヴァイオリン・ソナタで試した新しいことはヴァイオリンの曲の中で、ピアノ・ソナタで試したことはピアノの曲の中に現れるものですが、ベートーヴェンの場合はそれが越境し、他ジャンルの中で実験したものが別のジャンルの作品で活かされているのです。だからこそ、より彼が革新的な人であることが見えてくると言ってよいでしょうね。

《クロイツェル》のピアノ・パートを見ると、すでに後期の「三大ソナタ」に匹敵する内容と音型で書かれていると思います

小山実稚恵

――ここまでの対談を通して、ベートーヴェンが「ピアニスト」から出発して「作曲家」に進化し、革新的な作品を残してきたことが改めて見えてきたことだろう。多くの傑作の陰には数々の挑戦や新しい試みがあったのだが、それがすでに少年時代から行われていたことには驚いた方も多かったのではないだろうか。そしてやはりどんなジャンルの創作においても「ピアノ」という楽器が彼を支え続け、さらに楽器が進化すればベートーヴェンもさらに大きく進化を遂げていった。この後の作品でもベートーヴェンとピアノの関係を探っていくことで、新たなベートーヴェン像を見出すことができるはずだ。

Column

「ピアノ・ソナタ」とは何か

ベートーヴェンのソナタは35曲？

当たり前の質問を、もう一度考えてみよう。ベートーヴェンの「ピアノ・ソナタ全曲」は一般的には作品番号（Op）のつけられた32曲を指すようだ。最近ではイギリスのベートーヴェン学者バリー・クーパー（1949年〜）校訂の「The 35 Piano Sonatas」と題された3巻の楽譜がABRSM社から出版されている。ここには少年時代に作曲した「3つの《選帝侯ソナタ》」WoO47が収められたため全35曲になっているのだ。しかし、《選帝侯ソナタ》を収録したなら、なぜWoO50の「ソナチネ」ヘ長調（2楽章構成）とWoO51の「2つの小品」（ハ長調とヘ長調、1830年の死後出版初版譜はハ長調ソナタと題されている）の2曲を加えて全37曲にしなかったのだろう、という疑問が浮かぶ。確かにWoO51は第1楽章のハ長調に対して第2楽章がヘ長調で終わっているので、未完成という判断があったのだろう。一方、WoO50は2楽章とも「ヘ長調」で統一されている。規模こそ異なるが、「ピアノ・ソナタ第22番」Op54も「ヘ長調」による2楽章構成なのだ。

改めてOp番号の付いた32曲のソナタを見ると、次ページの表に示したように2楽章構成の作品が6曲もある。

次に3楽章構成あるいは4楽章構成で全楽章の主音が同じソナタは全8曲である。

バロック、古典派時代において同主調は同じ主音と同じ属和音を共有する調であり、旋法が異なるだけの同じ調という認識があった。こうした観点でベートーヴェンのOp番号付きの32曲のピアノ・ソナタを見直すと、14曲が同じ主音調で全楽章が構成されているという、驚きの割合が浮かび上がるのだ。なぜならば、古典派様式のソナタ多楽章作品では、第1楽章の主調に対して、第2楽章は完全5度下の下属調、あるいは完全5度上の属調を選択するのが標準であった、という認識が私たちにはあるからだ。18世紀の常識から見ると、ベートーヴェンがいかに例外、あるいは特殊であるかが透けて見えてくる。

バリー・クーパー校訂の「ピアノ・ソナタ全集」は35曲。近い将来、「32曲」という固定観念は崩れるかも？

2楽章	両楽章が長調
	第20番 Op49-2（ト長調・ト長調）*
	第22番 Op54（ヘ長調・ヘ長調）
	第24番 Op78（嬰ヘ長調・嬰ヘ長調）
	第1楽章が短調で第2楽章が長調
	第19番 Op49-1（ト短調・ト長調）*
	第27番 Op90（ホ短調・ホ長調）
	第32番 Op111（ハ短調・ハ長調）
3楽章・4楽章	全楽章の主音が同じ
	第1番 Op2-1（ヘ短調・ヘ長調・ヘ短調・ヘ短調）
	第6番 Op10-2（ヘ長調・ヘ短調・ヘ長調）
	第7番 Op10-3（ニ長調・ニ短調・ニ長調・ニ長調）
	第9番 Op14-1（ホ長調・ホ短調・ホ長調）
	第12番 Op26（変イ長調・変イ短調・変イ長調・変イ長調）
	第15番 Op28（ニ長調・ニ短調・ニ長調・ニ長調）
	第25番 Op79（ト長調・ト短調・ト長調）
	第30番 Op109（ホ長調・ホ短調・ホ長調）

「作品番号付き」にする予定のなかったOp49

同主調でまとめられた2楽章構成のソナタ6曲中で、両楽章とも長調のソナタが3曲（ト長調の「第20番」Op49-2、ヘ長調の「第22番」Op54、嬰ヘ長調の「第24番」Op78）、第1楽章が短調で第2楽章が長調のソナタが3曲（ト短調の「第19番」Op49-1、ホ短調の「第27番」Op90、最後のソナタであるハ短調の「第32番」Op111）となっている。ここから「ソナチネ・アルバム」にも収載されている初心者用のOp49の2曲（表内の＊印）は、他の4曲と成立事情が全く異なるので除外したい。

ちなみに、Op49は1797年中、あるいは98年初め頃までに作曲されたと推定され、第2曲のト長調のスケッチは1796年春のプラハ旅行中にまで遡れる。ベートーヴェンはこれらを「作品番号付き」で出版するつもりはなかっただろう。出版は実弟カールの半ば独断で行われたようだ。カールは1802年11月23日、これら2曲をオッフェンバックの出版商アンドレに提供していた。結果的には1805年1月になってから、ウィーンの美術工芸出版が「2つの易しいソナタ Deux Sonates faciles」Op49として出版したものだ。作曲から8年も経ており、この直後には《ワルトシュタイン》ソナタOp53が出版され、また《熱情》ソナタOp57完成直前の時期でもある。収益を得たいという弟のすすめによって、ベートーヴェンが出版を渋々了解したとすれば、その理由は1802年に出版した「七重奏曲」Op20がウィーンで大人気を博し、頻繁に演奏され、ウィーンの誰もが知る曲になっていたので、その「七重奏曲」第3楽章のメヌエットと同じ主題の楽章をもつト長調ソナタは歓迎されると考えたのかもしれない。

話を2楽章ソナタに戻そう。両楽章が長

調の2曲は「第22番」Op54が1804年、「第24番」Op78が1809年であり、短調＝長調の2曲は「第27番」Op90が1814年、「第32番」Op111が1822年の成立だが、前者は中期までで、後者は後期になってからである。では形式構成内容を見てみよう。「第22番」Op54の第1楽章は、一般的にロンド形式で解説されることが多いのだが、それでも不自然で、ロンド形式の特徴である中間部エピソードが欠落している。つまり、ソナタ形式でもロンド形式でもない。

説得力に欠ける従来説

2つのヘ長調楽章から成る「ピアノ・ソナタ第22番」Op54の第1楽章は性格の異なる2つの楽段の交互配置による自由な構成で、従来多くの楽式分析が解説しているような「変則ロンド形式」と見ることはあまりにも強引で、そうした解釈がこの楽章の本質を見誤らせている。つまり、ここにはロンド形式にとって重要な中間部エピソード楽段がないのである。これを変則と見る姿勢に既存形式理論への固執あるいは既成概念による呪縛がある。それならば、ということではないのだろうが、第1楽章が非ソナタ形式ならば、第2楽章【譜例①】にソナタ形式的原理を見出せるのではないかということで、またしても「変則ソナタ形式」といった解説が横行している。曰く、単一主題による変則ソナタ形式というものだ。全く説得力も欠けている。

アレグレット、2／4拍子による全188小節（反復を数えないで）のこの楽章は、全曲にわたって16分音符による「無窮動」の律動が聴かれ、この律動が解放されるのは最終小節188小節目のみである。反復を含めた各部分の規模は、第Ⅰ部＝42小節、第Ⅱ部＝280小節、第Ⅲ部＝27小節である。従来説では第Ⅰ部が単一主題の提示部で、第Ⅱ部が展開部と再現部としている。これはむしろ、2声のカノン風対位法による、あえて言えば、プレリュード（前奏曲）に対するポストリュード（後奏曲）によるフィナーレと言えるだろう。

「ピアノ・ソナタ第22番」Op54の初版譜表紙（1806年）。ソナタともロンドとも言えない形式、それもベートーヴェンの革新性の表れと言えるかもしれない

［譜例①］「ピアノ・ソナタ第22番」第2楽章冒頭。16分音符による「無窮動」で2声カノン風でもある

ベートーヴェン年譜（1770 ～ 1804年 34歳まで）

太字：本書掲載

西暦(年齢)	生涯		社会・音楽界
1770	12月16日ボンの宮廷テノール歌手ヨハンを父に、マリア・マグダレーナを母として生まれる。		モーツァルト《ミトリダーデ》ミラノ初演。／ヘーゲル生まれる。
1773(3歳)	宮廷楽長であった相父ルートヴィヒ死去(61歳)。		ボストン茶会事件。
1774(4歳)	弟カスパール・アントン・カール生まれる。		ゲーテ『若きヴェルテルの悩み』出版。／杉田玄白ら『解体新書』翻訳出版。
1775(5歳)	祖母マリア・ヨーゼファ死去(61歳)。		アメリカ独立戦争。／モーツァルト、ピアノ・ソナタ第1～6番作曲。
1776(6歳)	弟ニコラウス・ヨハン生まれる。		アメリカ合衆国独立宣言。／アダム・スミス『国富論』出版。
1778(8歳)	初めての公開演奏会にピアニストとしてデビュー（予告ポスターには6歳）。		モーツァルト《イドメネオ》作曲。／ルソー、ヴォルテール死去。
1779(9歳)	夏頃からグロスマン劇団テノール歌手のトビアス・フリードリヒ・プファイファーからクラヴィア(恐らくクラヴィコード)を学ぶ。		C.P.E.バッハ《識者と愛好家のためのクラヴィアソナタ集》出版。／グルック《タウリスのイフィゲニ》パリ初演。
1780(10歳)	宮廷ヴァイオリニストのロヴァンティーニからヴァイオリンとヴィオラを、ミュンスター教会のオルガニストのツェンゼンやフランシスコ教会のコッホからオルガン奏法を学ぶ。／ミノリーテン教会の早朝ミサでオルガンを弾くようになる。		女帝マリア・テレジア死去。
1781(11歳)	クラヴィア奏法、オルガン奏法、作曲法をネーフェに師事し始める。		カント『純粋理性批判』、シラー『群盗』出版。
1782(12歳)	ネーフェの代わりに葬儀でオルガン演奏。／ネーフェの指導下で最初の作曲を試み、**《ドレスラーの行進曲》の主題による9つの変奏曲**を出版。	学習期・ボン時代	J.C.バッハ死去(1735年生)。／パガニーニ生まれる。
1783(13歳)	ネーフェがベートーヴェンの楽才紹介記事を音楽雑誌に掲載。／国民劇場管弦楽団(宮廷楽団員)のチェンバロ奏者に。／選帝候に**3つの《選帝侯ソナタ》**を献呈。		特許権、商標権等に関するパリ条約締結。／モーツァルト、ピアノ・ソナタ第11番(トルコ行進曲付)作曲。
1784(14歳)	無給宮廷楽師としてオルガン助手を務めたのち、正式宮廷楽師として俸給付きの宮廷第2オルガニストに任命される。／**ピアノ協奏曲第0番**作曲。		シュポーア生まれる。／J.F.バッハ死去(1710年生)。
1785(15歳)	**3つのピアノ四重奏曲**(WoO 36)を作曲。		モーツァルト、ピアノ協奏曲第20～22番作曲。
1787(17歳)	宮廷楽師としてウィーンに留学。滞在中にモーツァルトのレッスンを受けたと思われる。／母マリア・マグダレーナ死去(41歳)。宮廷楽師としてオルガン奏者を務めるほか、ブロイニング家の音楽家庭教師となる。		松平定信による寛政の改革始まる。／露土戦争始まる(1792年まで)。／グルック死去(1714年生)。
1788(18歳)	宮廷楽団オーケストラと新設された国民劇場オーケストラのヴィオラ奏者に採用される。		ショウペンハウアー生まれる。／C.P.E.バッハ死去(1714年生)。／モーツァルト、交響曲第39～41番作曲。
1789(19歳)	ボン国民劇場で、ヴィオラ奏者として上演に参加。／ボン大学に聴講生として入学。／父ヨハンが宮廷テノール歌手引退。		フランス革命勃発。／G.ワシントンが初代アメリカ合衆国大統領に就任。
1790(20歳)	皇帝レオポルトの即位を祝うカンタータ作曲。／渡英するハイドンがボンで短期滞在。ボンの選帝侯宮廷楽団員と会食(ベートーヴェン参加の有無は不明)。		モーツァルト《コシ・ファン・トゥッテ》初演。／カント『判断力批判』出版。
1791(21歳)	《騎士バレエ》がヴァルトシュタイン伯爵の作品として上演される。／選帝侯を団長とするドイツ騎士団がメルゲントハイムに出発。ベートーヴェンも宮廷楽師として随行し、途路に《愛よ来たれ》による変奏曲を演奏。メルゲントハイムで《皇帝レオポルト2世の即位を祝うカンタータ》が演奏される。		ハイドンがロンドンで活躍。／マイヤベーア、チェルニー生まれる。／モーツァルト死去(1756年生)。
1792(22歳)	ハイドンがロンドンからの帰途ボンに立ち寄り、入門を許可。ウィーンに移住しハイドンのもとで作曲のレッスンを開始。／父親ヨハン死去(52?歳)。		ロッシーニ生まれる。／フランス国民公会義が共和制を宣言。
1793(23歳)	ウィーンでピアノとヴァイオリンのための変奏曲(WoO 40)出版。／師ハイドンに内緒でヨハン・シェンクにも対位法を習う(94年5月頃まで)。／**ピアノと管弦楽のためのロンド**作曲。		パリの恐怖政治が始まる。ルイ16世と王妃マリー・アントワネット処刑死。第1次対仏同盟。

1794（24歳）	聖シュテファン大聖堂楽長のヨハン·G·アルブレヒツベルガーに対位法を習う(95年3月まで)。シュパンツィヒからヴァイオリン奏法のレッスンを受ける(短期間)。／弟カスパール·アントン·カールがウィーンに移住。／**ピアノ·ソナタ第1、2番、ピアノ三重奏曲第1番**作曲。	ウィーン台頭期	ウィーンで魔法劇流行。W.ミュラーの歌芝居《プラハの姉妹》ウィーン上演。
1795（25歳）	ウィーン音楽家協会慈善演奏会で自作**ピアノ協奏曲第1番**、ピアノの即興演奏をする。／モーツァルト未亡人主催のオペラ《皇帝ティトの慈悲》公演の幕間でモーツァルトのピアノ協奏曲ニ短調(K466)を演奏。／ブルク劇場への3日間の出演でデビュー。／リヒノウスキー侯爵邸でピアノ三重奏曲(Op1)の私的演奏会開催。ハイドンも出席。／ハイドン主催の音楽会でピアノ協奏曲第1番を演奏。／**ピアノソナタ第2番、ピアノ三重奏曲第2、3番**作曲。		パリ音楽院設立、クロイツェルが教授に就任。／楽譜出版社ブライトコップフ社の経営にクリスティアン·ヘルテルが加わりブライトコップフ&ヘルテルに社名変更。／ポーランド王国滅亡。／ジェンナー、種痘接種に成功。
1796（26歳）	約半年間にわたりプラハ、ドレスデン、ライプツィヒ、ベルリンへ演奏旅行。ベルリンでは、プロイセン国王フリードリヒ·ヴィルヘルム2世の宮廷で何度か御前演奏。2曲のチェロ·ソナタ(Op5)をJ.L.デュポールと演奏。ベルリン·ジングアカデミー演奏会でピアノの即興演奏をする。／プレスブルク(現スロヴァキアのブラテイスラヴァ)で演奏会開催。／**ピアノと管楽のための五重奏曲、チェロ·ソナタ第1、2番、ピアノ·ソナタ第20番**作曲。		ナポレオン軍のイタリア侵攻が始まる。／ロシア皇帝エカテリーナ2世死去。
1797（27歳）	シュパンツィヒ主催のヤーン·ホールでの演奏会でピアノと管楽のための五重奏曲。／ウィーン美術家年金協会主催の仮面舞踏会でオーケストラ舞曲が演奏される。／芸術家協会主催の慈善演奏会で、二つのオーボエとコールアングレ(イングリッシュホルン)のための変奏曲を演奏。／**ピアノ·ソナタ第4～7番**作曲。		シューベルト、ドニゼッティ生まれる。／ドラクロア生まれる。／フリードリヒ·ヴィルヘルム2世死去、同3世即位。
1798（28歳）	カール·アメンダがウィーン来訪、ロプコヴィッツ侯爵夫人の朗読係と、モーツァルト未亡人の子供たちの家庭教師となり、ベートーヴェンとの親交が始まる。／ヨゼファ·ドゥシーク夫人のための慈善演奏会にシュパンツィヒと共演出演。／サリエーリ主催の慈善演奏会に出演。／プラハ演奏旅行やウィーンでの演奏会で**ピアノ協奏曲**第1、**2番**を演奏。／**ピアノ三重奏曲第4番《街の歌》、ヴァイオリン·ソナタ1～3番、ピアノ·ソナタ第8番《悲愴》、9番、19番**作曲。		ハイドンの《天地創造》ウィーンで初演。／ブライトコップフ&ヘルテル社がライプツィヒで『総合音楽新聞(AMZ)』創刊。／ネーフェ死去(1748年生)。
1799（29歳）	ブルンスヴィク家令嬢姉妹テレーゼとヨゼフィーネにウィーン滞在中ピアノを指導。／弦楽四重奏曲第1～5番、**ピアノ·ソナタ第10番**作曲。		ナポレオン軍兵士がナイル河畔で「ロゼッタ石」発見。
1800（30歳）	ウィーンで初めて自身のための受益演奏会をブルク劇場で主催開催し、交響曲第1番、**ピアノ協奏曲第1番(最終稿)**などを公開初演し、成功を博す。／ホルン奏者プントとブルク劇場で**ホルン·ソナタ**初演。／大公妃マリア·パヴロヴナの誕生日祝典でプントとホルン·ソナタを再演。／名ピアニストのシュタイベルトとピアノの即興競演。／カール·チェルニーにピアノを指導し始める。／弦楽四重奏曲第6番、**ピアノ·ソナタ第11番**作曲。	実験ソナタ期	伊能忠敬が蝦夷地を測定。／楽譜出版社ホフマイスター&キューネル創業。／ヴォルタが電池を発明。／ワシントンがアメリカの首都になる。
1801（31歳）	宮廷大舞踏会会場での傷病兵救済の慈善演奏会にプントと出演。／ブルク劇場でバレエ《プロメテウスの創造物》初演。／ボンの親友シュテファン·ブロイニングがウィーンに移住。／医師ヴェーゲラーやアメンダに手紙で耳の病について告白。／ボン時代のヴァイオリンの師アントン·リースの息子フェルディナントがウイーンに移住、ピアノの弟子となる。／**ピアノ·ソナタ第12～15番《田園》、ヴァイオリン·ソナタ第4、5番《春》**作曲。		チマローザ死去(1749年生)。／シラー『オルレアンの少女』出版。／ベッリーニ生まれる。
1802（32歳）	ハイリゲンシュタットに半年間静養のため引き籠もる。二人の弟に宛てた、いわゆる「ハイリゲンシュタットの遺書」をしたためる。／この頃から弟カールが秘書役を務める。／交響曲第2番、**ヴァイオリン·ソナタ第6～8番、ピアノ·ソナタ第16～18番、7つのバガテル、創作主題による6つの変奏曲、15の変奏曲とフーガ**作曲。	ドラマ的ソナタ期	十返舎一九『東海道中膝栗毛』出版。／コッホ『音楽辞典』出版。
1803（33歳）	アン·デア·ウィーン劇場支配人シカネーダーと作曲契約を結び、同劇場内翼居室を新居としてオペラの作曲計画を練る。／自主演奏会を開催、交響曲第2番、オラトリオ《オリーヴ山上のキリスト》、**ピアノ協奏曲第3番**を公開初演。／アウガルテン演奏会でブリッジタワーのヴァイオリンとベートーヴェン自身のピアノで**ヴァイオリン·ソナタ第9番《クロイツェル》**初演。／パリのエラール社から新型ピアノ寄贈。／オペラ《ヴェスタの火》の創作を中止し、新たに《レオノーレ、あるいは夫婦の愛》の作曲を計画。交響曲第3番作曲。		ベルリオーズ生まれる。
1804（34歳）	アン·デア·ウィーン劇場支配人が代わったことでオペラ作曲契約が無効になり、住居も引っ越す。／アウガルテン演奏会で、弟子のフェルディナント·リースが弾くピアノ協奏曲第3番の指揮をする。／**ピアノ協奏曲第3番改訂、ピアノ、ヴァイオリンとチェロのための三重協奏曲**作曲。		カント死去。／ナポレオンがフランス皇帝宣言。／グリンカ生まれる。／シラー『ヴィルヘルム·テル』出版。

ベートーヴェン ピアノ関連曲一覧

太字：本書掲載

対談回	楽曲名	調	作品番号	作曲年	出版年	献呈
1	《ドレスラーの行進曲》の主題による9つの変奏曲	ハ短調	WoO63	1782	1782	アントニー・ヴォルフ＝メッテルニヒ伯爵夫人
	3つの《選帝侯ソナタ》	変ホ長調／ヘ短調／ニ長調	WoO47	1782〜3	1783	ケルン選帝侯マクシミリアン・フリードリヒ大司教
	3つのピアノ四重奏曲	変ホ長調／ニ長調／ハ長調	WoO36	1785	1828	—
	ピアノ・ソナタ第1番	ヘ短調	Op2-1	1793〜4	1796	ヨーゼフ・ハイドン
	ピアノ・ソナタ第2番	イ長調	Op2-2			
	ピアノ・ソナタ第3番	ハ長調	Op2-3	1794〜5		
2	ピアノ三重奏曲第1番	変ホ長調	Op1-1	1792〜4	1795	カール・フォン・リヒノウスキー侯爵
	ピアノ三重奏曲第2番	ト長調	Op1-2	1793〜5		
	ピアノ三重奏曲第3番	ハ短調	Op1-3			
3	チェロ・ソナタ第1番	ヘ長調	Op5-1	1796	1797	プロイセン王フリードリヒ・ヴィルヘルム2世
	チェロ・ソナタ第2番	ト短調	Op5-2			
4	ピアノ・ソナタ第4番	変ホ長調	Op7	1796〜7	1797	バルバラ・ケグレヴィチ伯爵令嬢（バベッテ）
	ピアノ・ソナタ第19番	ト短調	Op49-1	1795〜8	1805	—
	ピアノ・ソナタ第20番	ト長調	Op49-2	1795〜6		
5	ピアノ・ソナタ第5番	ハ短調	Op10-1	1795〜7	1798	アンナ・マルガレーテ・フォン・ブロウネ＝カミュ伯爵夫人
	ピアノ・ソナタ第6番	ヘ長調	Op10-2	1796〜7		
	ピアノ・ソナタ第7番	ニ長調	Op10-3	1797〜8		
6	ピアノ三重奏曲第4番（《街の歌》）	変ロ長調	Op11	1797〜8	1798	マリア・ヴィルヘルミーネ・トゥーン伯爵夫人
	ピアノと管楽のための五重奏曲	変ホ長調	Op16	1796	1801	ヨーゼフ・ヨハン・ツー・シュヴァルツェンベルク侯爵
	ホルン・ソナタ	ヘ長調	Op17	1800		ヨゼフィーネ・フォン・ブラウン男爵夫人
7	ヴァイオリン・ソナタ第1番	ニ長調	Op12-1	1797/8?	1799	アントニオ・サリエリ
	ヴァイオリン・ソナタ第2番	イ長調	Op12-2	1797〜8		
	ヴァイオリン・ソナタ第3番	変ホ長調	Op12-3			
8	ピアノ・ソナタ第8番《悲愴》	ハ短調	Op13	1797〜8	1799	カール・フォン・リヒノウスキー侯爵
	ピアノ・ソナタ第9番	ホ長調	Op14-1	1798		ヨゼフィーネ・フォン・ブラウン男爵夫人
	ピアノ・ソナタ第10番	ト長調	Op14-2	1799?		
9	ピアノ協奏曲（第0番）	変ホ長調	WoO4	1784	1890	—
	ピアノと管弦楽のためのロンド	変ロ長調	WoO6	1793	1829	
10	ピアノ協奏曲第1番	ハ長調	Op15	1793〜1800	1801	アンナ・ルイーゼ・バルバラ・オデスカルキ侯爵夫人（ケグレヴィッチ伯爵令嬢）
	ピアノ協奏曲第2番	変ロ長調	Op19	1786〜98		カール・ニクラス・フォン・ニケルスベルク
11	ピアノ・ソナタ第11番	変ロ長調	Op22	1800	1802	ヨハン・ゲオルク・フォン・ブロウネ＝カミュ伯爵
	ピアノ・ソナタ第12番	変イ長調	Op26	1800〜1		カール・フォン・リヒノウスキー侯爵
12	ピアノ・ソナタ第13番	変ホ長調	Op27-1	1801	1802	ヨゼフィーネ・フォン・リヒテンシュタイン侯爵夫人
	ピアノ・ソナタ第14番（《月光》）	嬰ハ短調	Op27-2			ジュリエッタ・グイッチャルディ伯爵令嬢
	ピアノ・ソナタ第15番（《田園》）	ニ長調	Op28			ヨーゼフ・フォン・ゾンネンフェルス
13	ヴァイオリン・ソナタ第4番	イ短調	Op23	1800〜1	1801	モーリッツ・フォン・フリース伯爵
	ヴァイオリン・ソナタ第5番（《春》）	ヘ長調	Op24			
14	ヴァイオリン・ソナタ第6番	イ長調	Op30-1	1802	1803	ロシア皇帝アレクサンドル1世
	ヴァイオリン・ソナタ第7番	ハ短調	Op30-2			
	ヴァイオリン・ソナタ第8番	ト長調	Op30-3			

15	ピアノ・ソナタ第16番	ト長調	Op31-1	1801～2	1803	—
	ピアノ・ソナタ第17番（《テンペスト》）	ニ短調	Op31-2			
	ピアノ・ソナタ第18番	変ホ長調	Op31-3		1804	
16	7つのバガテル	——	Op33	?1801～2	1803	—
	創作主題による6つの変奏曲	ヘ長調	Op34	1802		アンナ・ルイーゼ・バルバラ・オデスカルキ侯爵夫人（ケグレヴィッチ伯爵令嬢）
	15の変奏曲とフーガ（《プロメテウス変奏曲》）	変ホ長調	Op35			モーリッツ・フォン・リヒノウスキー伯爵
17	ピアノ協奏曲第3番	ハ短調	Op37	1796～1803/1804	1804	プロイセン王子ルイ・フェルディナント
	ピアノ、ヴァイオリンとチェロのための三重協奏曲	ハ長調	Op56	1803～4	1807	ヨーゼフ・フランツ・フォン・ロプコヴィツ侯爵
18	ヴァイオリン・ソナタ第9番（《クロイツェル》）	イ長調	Op47	1802～3	1805	ロドルフ・クロイツェル（ジョージ・ブリッジタワーのために作曲）
19	ピアノ・ソナタ第21番（《ワルトシュタイン》）	ハ長調	Op53	1803～4	1805	フェルディナント・ヴァルトシュタイン伯爵
	アンダンテ・ファヴォリ	ヘ長調	WoO57			–
20	ピアノ・ソナタ第22番	ヘ長調	Op54	1804	1806	–
	ピアノ・ソナタ第23番（《熱情》）	ヘ短調	Op57	1804～5	1807	フランツ・フォン・ブルンスヴィク伯爵
21	ピアノ協奏曲第4番	ト長調	Op58	1805～6	1808	オーストリア帝国ルドルフ大公
22	チェロ・ソナタ第3番	イ長調	Op69	1807～8	1809	イグナツ・フォン・グライヒェンシュタイン男爵
	《マカベウスのユダ》の主題による12の変奏曲	ト長調	WoO45	1796	1797	マリア・クリスティアーネ・フォン・リヒノウスキー侯爵夫人
	《魔笛》の主題による12の変奏曲	ヘ長調	Op66	1796	1798	–
	《魔笛》の主題による7つの変奏曲	変ホ長調	WoO46	1801	1802	ヨハン・ゲオルク・フォン・ブロウネ=カミュ伯爵
23	ピアノ三重奏曲第5番《幽霊》	ニ長調	Op70-1	1808	1809	アンナ・マリー・エルデーディ伯爵夫人
	ピアノ三重奏曲第6番	変ホ長調	Op70-2			
	ピアノ三重奏曲《カカドゥ変奏曲》	ト長調	Op121a	1801～3、16	1824	–
24	ピアノ協奏曲第5番（《皇帝》）	変ホ長調	Op73	1809	1810	オーストリア帝国ルドルフ大公
	ピアノ協奏曲Op61a（原曲＝ヴァイオリン協奏曲）	ニ長調	Op61a	1807	1808	ユーリエ・フォン・ブロイニング
	ピアノ協奏曲Hess15	ニ長調	Hess15	1814～5	–	–
25	ピアノ・ソナタ第24番（《テレーゼ》）	嬰ヘ長調	Op78	1809	1810	テレーゼ・フォン・ブルンスヴィク伯爵夫人
	ピアノ・ソナタ第25番（《かっこう》）	ト長調	Op79			–
	ロンド第1番	ハ長調	Op51-1	1797～8?	1797	–
	ロンド第2番	ト長調	Op51-2	1798?	1802	ヘンリエッテ・フォン・リヒノウスキー伯爵令嬢
26	ピアノ・ソナタ第26番《告別》	変ホ長調	Op81a	1809～10	1811	オーストリア帝国 ルドルフ大公
	幻想曲 Op77	ト短調	Op77	1809	1810	フランツ・フォン・ブルンスヴィク伯爵
	ロンド・ア・カプリッチョ《失われた小銭への怒り》	ト長調	Op129	1795	1828	–
27	合唱幻想曲	ハ短調	Op80	1808	1810	バイエルン国王マクシミリアン・ヨーゼフ
	歌曲集《遥かなる恋人に寄す》	——	Op98	1815～6	1816	ヨーゼフ・フランツ・フォン・ロプコヴィッツ侯爵
28	ピアノ・ソナタ第27番	ホ短調	Op90	1814	1815	モーリッツ・フォン・リヒノウスキー伯爵
	ピアノ・ソナタ第28番	イ長調	Op101	1816	1817	ドロテア・フォン・エルトマン男爵夫人
29	ヴァイオリン・ソナタ第10番	ト長調	Op96	1812	1816	オーストリア帝国ルドルフ大公（ピエール・ロードのために作曲）
	ピアノ三重奏曲第7番（《大公》）	変ロ長調	Op97	1810～1		オーストリア帝国ルドルフ大公
30	チェロ・ソナタ第4番	ハ長調	Op102-1	1815	1817	アンナ・マリー・エルデーディ伯爵夫人
	チェロ・ソナタ第5番	ニ長調	Op102-2			–
31	ピアノ・ソナタ第29番《ハンマークラヴィーア》	変ロ長調	Op106	1817～8	1819	オーストリア帝国ルドルフ大公
32	ディアベッリのワルツによる33の変奏曲	ハ長調	Op120	1819、22～3	1823	アントーニエ・ブレンターノ
33	11のバガテル	——	Op119	1820～2	1823	–
	6つのバガテル	——	Op126	1824	1825	–
	ポロネーズ	ハ長調	Op89	1814	1815	ロシア皇后エリザヴェータ・アレクセーイェヴナ
34・35	ピアノ・ソナタ第30番	ホ長調	Op109	1820	1821	マクシミリアーネ・ブレンターノ
	ピアノ・ソナタ第31番	変イ長調	Op110	1821～2	1822	–
	ピアノ・ソナタ第32番	ハ短調	Op111		1823	オーストリア帝国ルドルフ大公

著者プロフィール

小山実稚恵

ピアニスト。チャイコフスキー、ショパンの二大コンクールに入賞した唯一の日本人。『12年間・24回リサイタルシリーズ』を2017年に完結、19年からベートーヴェンの後期ソナタを中心とした『ベートーヴェン、そして…』を開始。国内外の主要オーケストラや著名な指揮者と数多く共演し、コンチェルトのレパートリーは60曲以上。被災地での演奏も続けている。CDはソニーと専属契約を結ぶ。紫綬褒章受章。

平野 昭

武蔵野音楽大学大学院修了。西洋音楽史および音楽美学領域。18〜19世紀ドイツ語圏器楽曲の様式変遷を研究。特にハイドン、モーツァルトからベートーヴェン、シューベルトに至る交響曲、弦楽四重奏曲、ピアノ・ソナタを中心にソナタ諸形式の時代および個人的特徴を研究。沖縄県立芸術大学、静岡文化芸術大学、慶應義塾大学教授を歴任。音楽評論分野でも月刊誌、日刊紙と放送出演で活躍。

長井進之介

国立音楽大学大学院伴奏科修了を経て同大学院博士後期課程音楽学領域単位取得満期退学。在学中にカールスルーエ音楽大学に交換留学。演奏、執筆、「OTTAVA」プレゼンター等、多方面で活動中。著書に『OHHASHI いい音をいつまでも』(創英社/三省堂書店)がある。

ベートーヴェンとピアノ
「傑作《けっさく》の森《もり》」への道《みち》のり

2019 年 7 月 15 日　第 1 刷発行
2021 年 5 月 31 日　第 3 刷発行

著　者　小山実稚恵《こやまみちえ》　平野《ひらの》 昭《あきら》
編集協力(対談構成・文):長井進之介《ながいしんのすけ》

発行者　堀内久美雄
発行所　株式会社音楽之友社
〒 162-8716　東京都新宿区神楽坂 6-30
電話 03-3235-2111(代)　振替 00170-4-196250
https://www.ongakunotomo.co.jp/

表紙イラスト:久保田寛子　写真(対談):堀田力丸
浄書:株式会社ホッタガクフ
デザイン・DTP:朝日メディアインターナショナル株式会社

印　刷　藤原印刷株式会社
製　本　株式会社ブロケード

ISBN978-4-276-13057-9 C1073
Printed in Japan

＊本書は『音楽の友』誌連載(2017 年 4 月号〜)をベースに、大幅に加筆・変更し、新原稿・譜例・図版などを加え再構成したものです。